우리가 무관심할 때
괴물은 깨어난다

우리가 무관심할 때 괴물은 깨어난다

이동형·지승호 지음

정치 오타쿠 이작가의 직설 혹은 독설

이상

우리 모두가 국가입니다

《에밀》의 저자인 장 자크 루소는 "국민은 투표할 때만 주인이고, 선거가 끝나면 노예가 된다"고 했고, 아테네의 정치가이자 시인인 솔론은 "피해를 입지 않은 자가 피해를 입은 자와 똑같이 분노할 때 정의가 실현된다"고 했습니다.

그렇습니다. 우리는 선거 때만 주인 대접을 받고, 선거가 끝나면 다시금 노예가 되는 과정을 되풀이해 왔습니다. 그러나 지난 겨울 동안 우리는 '피해를 입지 않은 사람들'과 '피해를 입은 사람들'이 같이 분노함으로써 정의를 실현해 냈습니다. 미증유의 국정농단을 일삼은 세력들의 일부를 감옥에 보내고, 수괴인지 꼭두각시인지 모를 대통령을 탄핵하고, 파면으로 이끌었습니다.

하지만 이것으로 끝난 것은 아닐 겁니다. '최순실이 감옥에 가고, 박근혜가 물러난다고 세상이 달라지겠는가? 가진 자들은 훨씬 교묘한 방법으로 세상을 지배할 것이다'라고 냉소적으로 말하는 젊은이들도 있고, '이 모든 것이 깨끗한 대통령을 물러나게 만든 빨갱이들의 음모이며, 불쌍한 대통령을 나라도 지켜야겠다'고 말하는 노년층들도 있습니다. 우리의 정치에 대한 무관심과 함께 저들은 더 큰 괴물이 되고, 악마가 되어갈 것입니다. 그리고 '수혜를 입지 않은 자가 수혜를 입은 자와 똑같이 분노할 때 불의는 구현되는 것'이 아닐까요?

일본의 소설가 마루야마 겐지는 재미 저널리스트 안희경과의 경향신문 인터뷰에서 이렇게 얘기합니다. "국가를 추상적인 대상이라고 하는데요. 아닙니다. 매우 구체적이고, 결국은 인간들이에요. 저 사람과 저 사람이 국가라고 손가락으로 가리킬 수 있습니다."

악당들은 자꾸 국가를 추상적인 대상으로 만듭니다. 특정한 상징이나 인물을 위하면서, 동시에 자기의 사리사욕을 채우면서도, 그것이 국가를 위한 일이라고 거짓말을 합니다. 구체적으로 가리킬 수 있는 한 사람, 한 사람의 고통은 외면하면서 말입니다. 어쩌면 스스로를 속이고 있는 것인지도 모르겠습니다.

진정한 정치는 그 하나 하나의 사람에게 관심을 가지고, 그들의 고통을 덜어주는 일이 아닐까요? 지금 우리에게는 그런 정치의 회복이 절실합니다. 올해는 그런 정치의 싹을 틔울 수 있기를!! 국민이 국가입니다.

2017년 3월 25일 지승호 씀

차례

2장. 정치 오타쿠의 정치 과외

3장. 우리가 무관심할 때 괴물은 깨어난다

4장. 못다 한 이야기

1장

이이제이는 끝났다, 그러나

2016. 02. 25

역사가 되풀이되고 예상치 못한 일이
반복해서 일어난다면 인간은 얼마나 경험에서
배울 줄 모르는 존재인가?

조지 버나드 쇼

박수칠 때
떠나는 게 맞다

지승호(이하 지)　〈이박사와 이작가의 이이제이〉 이야기부터 하죠. 무려 5년 동안 진행했던 이이제이가 2월 23일을 마지막으로 끝을 맺었는데요. 기분이 어떠세요?

이동형(이하 이)　5년 동안 매주 한 건데요. 두 달 전부터 조만간에 끝내겠다고 말을 해버려서 그런지 막상 끝나니까 감정의 동요는 별로 없습니다. 우리가 2012년에 방송을 시작할 때 목표가 정권을 한번 바꿔 보자는 것이었는데요. 5년 늦어졌지만, 어쨌든 눈앞에 왔다고 느껴서 나름대로 보람을 느낍니다.

메일을 보내주신 분들, 댓글로 써주신 분들, 안가에 찾아오신 분들, 수많은 사람들을 봤거든요. 자기가 '일베'였는데, 바뀌었다고 하고요. 몇 십 년 동안 1번만 찍었는데, 당신들 방송 듣고 바뀌었다는 분들도 있었습니다. 그런 분들 덕분에 보람을 느끼는 거죠. 나름대로 근현대사의 중요성을 알려줬다는 것, 이명박 정권, 박근혜 정권 들어서면서부터 지상파 방송에서 근현대사 다큐멘터리가 사라졌었거든요. 그걸 우리가 대신 하지 않았나 싶어요. 독자들이나 청취자들 모두 그런 갈증이 있었을 텐데, 우리가 그것을 해소해주지 않았을까요.

개인적으로는 이이제이가 제 삶 전체를 바꿨다고 할 수 있죠. 그런 점에서 굉장히 고맙고 감사한, 저로서는 잊을 수 없는 프로그램이죠.

지　끝날 때까지 끝난 것은 아니라고 하는데, 정권이 완전히 바뀔 때까지 해야 했던 것 아닌가요?

이　당연히 제가 하는 방송들, 글을 쓴다든가, 종편에 나간다든가 하는 모든 활동이 정권 교체에 도움이 된다고 생각했기에 한 건데요. 극히 일부겠지만, 이이제이에서 정치적 발언을 하면 야권 지지자들 사이에서 분열이나 논란이 있었습니다. 그래서 계속하는 것이 결코 도움이 되지 않는다고 판단했기 때문에 지금 접는 것이 좋겠다 싶었어요. 등 떠밀려서 그만두는 것은 아니고, 최고의 정점에서 아름답게 그만두는 것이 좋겠다고 생각했습니다.

지　박원순 시장 측에서 얘기했던, 문재인 후보의 일부 지지자들의 공격적인 태도가 영향을 조금은 미친 건가요?

이 　박원순, 이재명, 안희정은 선거 국면, 탄핵 국면에 들어가기 전에는 모두 우리의 소중한 정치적 자산이었습니다. 누굴 뽑아야 할지 모르겠다는 말이 나왔고, 차례대로 20년간 했으면 좋겠다고 말하기도 했죠. 그런데 어느 순간부터 그게 아닌 거예요. 과연 이분들이 정권 교체를 원하는지, 아니면 내가 지지하는 사람이 대통령이 되는 것만 목적인지 모르겠더라고요. 이번 정권 교체가 중요한 것이 아니고, 5년, 10년, 20년간 정권을 잡으려면 지금 민주당의 자산이라고 하는 후보들을 지켜줘야 합니다. 너무 깎아내리거나 비방하는 언행은 하지 말자는 것이 제 생각이었거든요. 그분들을 좀 옹호했더니 반反문재인으로 매도되는 상황이 심해졌죠.

물론 그분들의 심정은 충분히 이해해요. 노무현 대통령 시절부터 그동안 많이 당해오신 분들이니까요. 그리고 문재인 대표 시절 민주당을 흔들었던 세력을 감안하면 충분히 이해를 하는데, 누구보다 우리 서로 우군이 되어줘야 해요. 큰 목표가 정권 교체인데, 그것을 생각하지 않고 같은 진영 후보들을 너무 공격하다 보니까 저의 진의가 잘못 전달되는 것 같습니다. 그로 인해서 저를 응원하지 않는 반대쪽 지지자들이 가세하여 싸우고 논란이 확대재생산 되니까 방송을 안 하는 것이 옳다고 판단한 거예요.

지 　쉬운 문제가 아니긴 하죠. 언제쯤 방송을 그만두기로 결심한 거죠?
이 　2016년 연말, 국회에서 탄핵이 가결되고, 2017년 상반기 조기대선이 거의 확실시 되는 것처럼 보여서요. 원래 우리는 2017년 12월 대선 때까지만 하기로 했으니까, 조금 당겨졌을 뿐이고요. 다만 조합원들이 탈퇴하는 정리 절차가 필요하니까 두 달 뒤인 2월 말쯤에 하겠다고 얘기했던 것인데요. 마지막 방송을 한 지금도 조합원 중 30%밖에 탈퇴를 안 하셨어요. 미련이 남으셨는지 '우리가 탈퇴를 안 하면 방송을 계속 해야지', 이런 마음도 갖고 계신 것 같은데요.(웃음) 조합 정관에 방송을 그만두면 조합은 자동 해산된다는 조항이 있어요. 이제는 조합 탈퇴 안 하신 분들한테 정중하게 메일도 보내드리고, 전화도 하면서 탈퇴를 유도하고 있어요. 처음에 납입한 조합비도 돌려드리고요. 사실은 조합비를 돌려줄 법적 책임은 없지만…

지　그동안 방송을 해달라고 한 거니까.

이　조합법상 현 자산상태에 따라 돌려주면 되거든요. 현 자산상태가 처음보다 -50%이면 그걸로 계산해서 돌려드리면 되는데요. 그래도 5년 동안 우리를 아껴주신 분들이고, 우리가 유명세도 얻었고, 그것 때문에 베스트셀러 작가가 되기도 했으니까 도의적 차원에서 100% 돌려드리겠다고 약속을 한 겁니다. 그 작업은 좀 시간이 걸릴 것 같아요.

지　이이제이 방송이 자신을 변화시킨 부분이 있다고 생각하세요?

이　인생관이라든가 이런 것이 특별하게 달라진 것은 없는데요. 제가 사실 특출 나게 잘하는 게 없어요. 작가나 방송을 하기 전에 사업도 대여섯 번 실패한 경험이 있어요. 그런데 유일하게 잘하면서 재미있는 일이 글 쓰고 말하는 거예요. 인터넷에 연재했던 내용이 책으로 나와 베스트셀러가 된 거고요. 그리고 팟캐스트를 시작했는데, 이게 대박이 터진 거예요. 그러다보니 늘 제가 하는 일이 재미있어진 거죠. 몸은 피곤해도 재미있는 것을 하다 보니 늘 행복합니다.

예전에는 여러 번 사업에 실패하고 아버지 밑에서 일도 배웠는데, 단지 돈을 벌기 위해 하루하루 마지못해 살아가는 기분이었어요. 하지만 지금은 정말 살아 있다는 느낌이 듭니다. 그러면서도 제가 세상을 바꾸는 데 도움을 주고 있다는 느낌까지 드니까 더 좋은 거죠. 사실은 이이제이 방송은 제가 워낙 좋아하는 일이기 때문에 계속 하고 싶지만, 현실적으로 불가능해요. 이이제이가 작가도 없고, 피디도 없어요. 저 혼자 원고를 준비하고 편집도 하다보니까 일주일에 3일은 여기에 빼앗기거든요.

지　어마어마한 금전적인 보상이 뒤따르는 것도 아닌데 5년 동안 매주 3일씩 거기에 시간과 노력을 투자한다는 것은 좋아하는 일이기 때문에 가능했던 것이라고 봅니다.

이　그렇죠. 처음 할 때부터 이거 1년만 하면 대박이 날거야, 청취자가 백만 명 이상은 될 거고 광고는 얼마나 들어올 거라고 예측하지 못하잖아요. 그냥 재미있어서 하다 보니 한두 명씩 청취자가 늘어나고,

그들의 반응을 보면서 저도 즐겁고, 또 더 열심히 하게 되고, 선순환 구조가 이루어진 거죠. 5년쯤 하다보니까, 섹시한 주제라고 할까, 그런 것이 많이 사라졌죠. 5년 동안 매주 근현대사, 특히 현대사에서 주제를 선정하는 데 어려움도 있었습니다. 그런 여러 가지 이유에서 접게 된 거죠.

지 　많은 사람들이 삼성 특집 같은 것을 기대했던 것 같은데요.

이 　삼성 특집도 하고 싶었고, 이명박 특집도 하고 싶었죠. 그 외에 아직도 알려지지 않은 독립운동가들이 많이 계십니다. 그분들 이야기를 더 하고 싶었어요. 약산 김원봉 선생도 저희가 방송으로 다뤘기 때문에 지금처럼 대중들에게 알려지지 않았을까 싶어요. 또 한 명의 약산 같은 사람을 방송에서 소개했으면 좋겠다는 생각이 있어요. 요즘 김정남 암살 사건을 보면서 흑금성 특집 2 같은 것도 생각했었죠. 그분이 우리 방송에 한번 출연하기로 약속을 했었거든요. 직접 모시고, 국정원 공작의 숨은 이야기를 들어볼 수 있는 기회가 있었는데요. 그런 것도 안타까워요. 제가 이이제이 시즌 2를 할 생각은 단 1그램도 없지만, 만약에 하게 된다면 그런 부분을 중점적으로 다루고 싶어요.

아이폰? 스티브 잡스?
꿈도 꾸지 마라

지 　우리나라 사람들이 집중적으로 어떤 사안에 대해서 분석하고 넘어가는 데 취약하잖아요. 새로운 사건이 나오면 거기에 바로 쫓아가기 바쁘죠. 예를 들어 우범곤 순경 총기난사 사건[1]의 경우, 브레이비크가 70명 이상을 살해하기 전에는 세계에서 가장 많은 사람을 연속

---

[1] 우범곤 순경은 1982년 4월 26일 경상남도 의령군 궁류면 궁류지서(지금의 궁류치안센터)에서 근무하던 중 하룻밤에 총기난사로 62명을 연속 살인하고 수류탄으로 폭사했다. 최단시간 최다살상 사건으로, 이 기록은 2011년 노르웨이의 아네르스 베링 브레이비크에 의해 경신되기까지 유지된다. 우범곤은 경찰관으로 임용된 후 1981년 4월부터 1982년 2월까지 청와대에서 근무한 적이 있었지만, 인사 과정에서 탈락하여 1982년 3월 의령군으로 좌천되었고, 동거녀 전말순(당시 25세)과의 사이가 몹시 좋지 않았다. 당시 경찰은 평소 술버릇이 나빴던 우범곤이 동거녀와 말다툼을 벌인 뒤 흥분 상태에서 우발적인 범행을 저지른 것으로 결론지었다.(출처 : 위키백과)

살인한 기록이었는데요.

이　이이제이에서 한번 다뤘어요.

지　그런 정도면 논문 수십 편이 나오고, 대중적인 서적도 몇 십 권이 나왔어야 하잖아요. 미국 같은 경우 연쇄살인범이나 싸이코패스 범죄자를 프로파일러들이 인터뷰를 통해 분석하는 자료도 내놓곤 하는데요. 우리나라에서는 만약 그런 걸 하면 '싸이코패스를 옹호하냐? 발언 기회를 주냐? 듣고 싶지 않다'고 하는 분위기가 있거든요. 심정적으로 이해하지만 그런 사건들을 통해 교훈을 얻을 기회를 잃는 것은 아닌가 하는 생각이 듭니다.

이　우리가 어릴 때부터 토론 문화가 없어서 그래요. 주입식 교육으로만 배웠잖아요. 오바마 대통령이 한국에 왔을 때 '한국에 왔으니 특별히 한국 기자들에게 질문할 기회를 주겠다'고 두 번이나 말했는데, 아무도 손을 안 들었어요. 이때 중국 기자들이 손을 드니까 '아니, 한국 기자'라고 했는데도 손을 안 들더라고요. 우리는 발표나 토론을 꺼려하는 문화가 있어요. 오로지 입시를 위해 외우는 공부만 하다 보니까, 토론 경험이 부족하고 토론을 하면 싸운다고 생각하는 거예요. 그래서 그걸 안 하는 거예요.

제가 1주일에 한 번씩 매주 화요일에 국회 도서관을 갑니다. 목요일에 이이제이 녹음이 있기 때문에 주제가 정해지면 국회도서관에 가서 그 주제에 맞는 책도 찾고, 기사도 찾아봅니다. 그중 가장 쉽게 접하고 분석이 잘되어 있는 것은 논문이죠. 그런데 논문 자체가 적어요. 대부분의 사건에 대한 논문 자체가 없어요. 기사만 많이 있거든요. 기사는 사실 육하원칙에 의해서 겉모습만 기록하는 거잖아요. 깊이 안 들어가죠. 논란이 되는 부분은 잘 다루지 않으려 하고요. 논란이 되면 쏟아질 공격에 지레 겁먹는 거죠.

우리 이이제이에서 가장 크게 문제가 됐던 것이 민비 특집일 거예요. KBS에서 드라마 〈명성황후〉를 방영한 이후 민비가 너무 미화되어 있는 거예요. '내가 조선의 국모다' 이 말이 많이 회자되었죠. 그러나 민비가 조선을 위해 희생한 독립운동가는 아니잖아요. 우리가 실상을 다뤄줬더니 난리가 난 겁니다. '쪽발이 같은 놈들'이라고 비아냥거리더라고요.

백범 김구 선생이 과연 일본인 일반인을 살해했느냐, 아니면 장교를 살해했느냐, 이 부분에 대해서도 저희는 여러 가지 논문을 분석해서 장교가 아니라 그냥 일본인이었다고 얘기했는데, 진보 진영조차도 우리를 공격하더라고요. 뉴라이트 사관을 가졌다고.(웃음)

자신들이 옛날에 공부했던 것, 단편적 사실이 머릿속에 있잖아요. 새로운 어떤 학설이나 논문, 연구결과를 가지고 들이대면 받아들일 수 없는 거예요. 믿지를 못하는 거지, 그걸 찾아보거나 연구해보려고 하지 않고, 너는 틀렸어, 이렇게 되어버리는 거예요. 그러니까 세게 붙어버리는 거죠. 한번 세게 붙으면 논란이 된 주제를 잘 안 하게 돼요. 두렵잖아요. 이런 것을 고치려면 교육 제도 자체를 바꿔야 합니다.

학업성취도를 평가하면 항상 전 세계에서 1, 2, 3위 하는 나라가 핀란드, 독일, 대한민국이에요. 핀란드와 독일은 입시경쟁이 우리처럼 치열하지 않아요. 하지만 우리는 치열한 경쟁 교육을 하고 선행 학습을 하죠. 게다가 고도로 진행된 산업화 시대에서 그런 입시경쟁을 뚫고 살아남은 소수 엘리트 계층이 정치경제사회의 주도권을 독점했잖아요. 하지만 그런 시대는 20세기와 함께 끝났고, 21세기에는 독일이나 핀란드처럼 우리도 평등 교육을 실현해야 해요. 그래야 21세기에 맞는 새로운 인재가 만들어지고 길러지는 겁니다.

지　미국 같은 경우 대기업 순위와 부자 순위가 수시로 대폭적으로 바뀌잖아요.

이　우리가 이렇게 입시 위주의 주입식 교육을 해서 스티브잡스, 손정의, 빌 게이츠 같은 사람이 나오겠습니까? 이명박 정권 들어서서 왜 우리는 아이폰 같은 것을 못 만드느냐, 이렇게 얘기했죠? 아이폰이 갑자기 돈을 많이 쏟아 부어서 박사급들이 연구한다고 나오나요. 어려서부터 사고방식이 굳어져 있는데 불가능하죠. 사회적 분위기도 마찬가지입니다. 요즘 취업이 힘드니까 젊은이들이 공무원 시험에 몰립니다. 공무원은 창의력이 별로 필요 없는 직업군이거든요. 창의력이 있는 젊은 친구들이 기업에 들어가거나 창업해야 합니다. 그런데 그게 안 되고 있잖아요.

교육 문제도 있지만, 기업 문화도 문제가 커요. 외국에서는 중소기업이 획기적인 소프트웨어를 개발해내면 그걸 비싼 가격을 주고 삽니다. CEO를 스카웃하기도 하고요. 그런데 우리나라 기업은 똑같이 베껴서 그 기업을 죽여 버립니다.

이런 기업 문화, 교육과 사회적 분위기가 함께 바뀌어야지 21세기 글로벌 시대에서 살아남을 수 있어요. 그렇지 않으면 스스로 도태되는 거죠. 교육, 기업 문화 같은 것은 하루아침에 바뀔 수 없거든요. 정경유착이 21세기에 와서 끊어졌다고 생각했지만, 박근혜 정권에 와서 다시 부활한 것 아닙니까? 이승만 정권 때부터 있었던 정경유착이 2017년에도 버젓이 존재하지 않습니까? 이런 기업 문화를 한 번에 바꾸는 것은 어렵지요.

교육 시스템은 30~50년을 바라보고 장기적으로 바꿔가야 합니다. 그런데 지난번에 박근혜 정권에서 스토리텔링 수학을 갑자기 들고 나왔어요. 교사도 준비가 덜 되어 있고, 교재도 제대로 갖추어지지 않았죠. 학생은 말할 것도 없고요. 그런 제도를 갑자기 들고 와서 이게 좋다고 해요.(웃음) 그러니까 결국 그 정책은 실패하고, 예산도 대폭 삭감되어 버렸잖아요. 교육도 졸속으로 하는 겁니다. 이번 국정화 역사교과서도 졸속으로 이루어진 거잖아요. 자기 임기 5년 내에 뭘 하려고 하니까 문제인데요. 교육이나 기업 문화, 이런 것은 5년 내에 절대 못바꿉니다. 초석만 다지는 것이지, 아니면 5년 동안 연구만 해도 됩니다. 그 이후에 다른 사람이 하도록 기반만 다지면 되는 거죠.

시스템을 바꾸면
제2의 박근혜는 없을까?

지   지금 정치인들을 보면 옛날의 정치인에 비해서 비전이나 철학이 부족해 보이는 면이 있는데요. 경험 자체가 부족해서 그런 것인지, 시대 자체가 변한 것인지.

이   정치 자체가 바뀌었죠. 과거에 우리 정치 문화는 어쨌든 보스 중심이었으니까요. 여당에도 보스가 하나 있고, 야당에도 보스가 두세 명 있고, 이러다 보니까 보스 중심으로 헤쳐모여 있던 집단이었거든요. 보스가 강력한 리더십과 카리스마를 가지고 진두지휘를 하니까 거기에 따라가는 거였죠. 오히려 그런 카리스마 있는 지도자를 우리가 박수치고 우러러 봤습니다. 그게 일제에 지배받았던 36년의 역사 때문인지도 몰라요. 순종적으로 대중이 지도자를 따라가는 거죠. 그런데 이제는 정치 지도자를 국민들이 바꿀 수 있는, 예를 들어 정치 지도자가 'A의 길로 가자'고 할 때 국민들이 '아닌데 B인데' 하면 정치 지도자가 B로 따라갈 수밖에 없게 바뀌었거든요. 그러다보니까 과거 정치인보다 무게감이 떨어져 보이는 거죠. 리더십도 없어 보이고요.

지　사람에 대한 부분을 시스템으로 대체하자는 얘기가 진보 진영에서 많이 나오잖아요. 실제로 박근혜 대통령만 봐도 조금씩 개선해온 시스템을 사람이 무력화시켜버렸잖아요. 시스템이 잘 안 만들어진 과도기라는 생각이 들거든요.

이　저는 대한민국에 웬만한 시스템, 매뉴얼이 갖춰져 있다고 생각합니다. 세월호만 해도 매뉴얼이 없어서 참사가 난 게 아니에요. 매뉴얼을 안 지켰기 때문에 일어난 참사거든요. 땅콩 회항 사건도 매뉴얼이 다 있었잖아요. 그런데 오너 일가가 와서 휘저으니까 매뉴얼대로 못한 거잖아요. 시스템이 없어서 못하는 것이 아니고, 기업의 오너, 국가의 지도자가 시스템과 매뉴얼을 스스로 파괴해버린 것이 문제죠.

지금 우리에게 필요한 것은 시스템과 매뉴얼을 새로 개발하는 게 아니에요. 시스템이나 매뉴얼을 어긴 사람을 제대로, 강력하게 처벌할 수 있는 법과 제도를 정비하는 것이 우선입니다. 사람과 시스템이 모두 중요하지만.

예를 들면 지금 미국의 트럼프가 대통령에 당선되고 가장 힘이 있을 때 아닙니까? 정권 초기니까. 그래서 이민자 정책을 냈잖아요. 행정명령 내리고. 그런데 법원에서 '아니야' 하고 스톱을 걸잖아요. 대한민국이라면 그게 가능했을까요? 미국은 매뉴얼대로, 시스템대로 움직이니까 아무리 위에서 내려와도 아닌 건 아니라고 하는 거죠. 상부의 부당한 지시에 NO 할 수 있는 게 미국의 시스템이잖아요. 우리는 그런 시스템이 없을까요? 대통령이 부당한 지시를 했을 때 거부할 수 있는 시스템이 있을 텐데 그걸 실행하지 못하는 거죠. 감사원도 있고 여러 법적 근거가 있을 겁니다. 그런데 박근혜 정권에서는 그게 모두 무너진 거잖아요. 저는 시스템을 바꾸자는 것에는 동의하지 않고, 있는 시스템, 있는 매뉴얼만 잘 지키면 문제가 되지 않는다고 봅니다. 그걸 안 지키니까 문제지. 그리고 그걸 안 지키면 훗날 반드시 처벌받는다는 교훈을 남겨야 합니다. 그래서 이번 국정농단 사태가 중요한 거예요.

지 미국 같은 경우, 대통령의 권한 상 핵미사일을 쏠 수 있습니다. 전 인류를 망하게 할 수 있는 힘이 있기 때문에 감시할 수 있는 방법도 많잖아요. 대통령의 행적을 1분 단위로 파악할 수 있고요. 우리나라는 어떤가요? 대통령이 7시간 동안 무슨 일을 했는지 알아내려고 2년 동안 싸우고 있잖아요.

이 최고 권력자를 감시하는 시스템이 미국이 잘되어 있기 때문 만일까요? 오랫동안 민주주의가 축적된 힘이라고 봐요. 우리는 민주주의를 도입한 지 얼마 안 되잖아요. 1987년 이후라고 해봐야 30년 정도 됩니까? 어쨌든 저 나라는 200년간 민주주의를 해왔으니까요. 축적된 경험을 바탕으로 시스템이 잘 작동하는 거죠. 하지만 우리는 있는 시스템이 잘 작동하지 않는 거고요. 민정수석실, 감사원, 경찰청도 제대로만 돌아간다면⋯ 그게 대통령 한 마디에 무너져버리는 게 문제인거죠.

무엇보다 내부 고발자를 보호할 수 있는 시스템도 있지만 잘 안 지켜지잖아요. 그러다보니까 내부 고발자들이 왕따를 당하고, 곤란을 겪고 있어요. 이번 국정논단 사태에서도 조금 더 일찍 내부 고발을 했으면 더 빨리 드러날 수 있었을 텐데, 그게 안 되었어요. 여러 가지 완비해야 할 시스템이 있겠지만, 내부 고발자를 보호하는 시스템은 이번 기회에 확실하게 다듬고 정착시켜야 합니다.

지   이 부분도 검찰개혁과 연결될 텐데요. 내부 고발자가 고발을 했을 때 직장에서는 물론이고 사회적으로도 보호받아야 하지만, 그 이전에 생명과 안전이 보호되어야 하지 않을까요? 내부 고발을 한 후 법정에서 증인을 선다고 했다가 심장마비로 의문사를 당해도 수사가 안 되는 경우가 있었잖아요. 많은 사람이 의혹을 가져도 검찰이나 경찰이 엄정하고 신속한 수사를 하지 않으면 내부 고발자들은 (그게 일부의 사건이라고 하더라도) '아무도 보호해주지 못하는구나' 하고 두려움을 느끼게 되거든요. 결국 국가가 믿음을 주지 못하는 측면이 있어요.

이   김영삼 정권이 들어서고 나서 조금씩 사회가 진보했다고 보거든요. 김영삼, 김대중, 노무현을 거치면서. 일개 검사들이 대통령한테 소위 말하는 대거리도 하고, 대통령이 국민들을 불러서 직접 토론도 하고, 조금씩 사회가 더 나은 방향으로 바뀌었다고 생각했어요. 그런데 이명박, 박근혜 정부가 들어서고 나서 180도 돌아선 거잖아요. 판사가 뇌물을 받고, 최순실 국정농단 사건이 일어나고, 정경유착이 다시 불거지고, 검찰은 권력의 하수인, '견찰'이 되어서 줄서기를 해버렸잖아요. 저는 이것도 시스템은 완비되어 있다고 보는데, 알아서 기는 게 가장 큰 문제인 것 같아요. 사람도 중요한 것입니다. 그러면 검찰 개혁 같은 경우는 선출직으로 바꿀 것인가, 하지만 그게 꼭 정답만은 아니라고 보거든요. 그래서 우리도 정말 국정농단 사태에서 많은 것을 좀 얻고, 배우고 교훈을 삼아야 한다고 생각해요. 어떻게 보면 이 사태가 우리나라 민주주의를 한층 업그레이드 시키는 데 도움이 될 수도 있어요. 반면교사로.

지   이 어마어마한 국정농단 사태에서 우리가 어떤 교훈을 얻어야 할까요? 어떻게 보면 선진국에 가까이 가고 있다고 생각해 왔는데, 그 기대와 자부심이 배반당한 이상한 나라가 되어버렸잖아요.

이   박근혜가 왜 대통령이 되었을까, 이것부터 생각해야 하지 않을까요? 일단은 박근혜를 검증할 수 있는 시간도 부족했다고 봐요. 박 대통령이 토론에 취약하기 때문에 토론을 기피했던 점도 있고요. 야권에서 단일화한다고 후보가 늦게 정해진 탓도 있죠. 토론을 더 많이 했으면 박대통령의 문제점이 선명하게 드러날 수도 있었겠죠. 하지만 역대 선거를 보면 여론조사 1위 후보들은 항상 토론을 피했어요. 선관위에서 정한 토론 룰도 너무 형식적이에요. 미국처럼 서로 치고받는 게 아니라 기계적 균형만 따지거든요. 1분 30초씩 말하는 것은 말도 안 돼요. 그렇게 해서 사람을 어떻게 제대로 검증할 수 있겠어요? 그런 것부터 바꿀 필요가 있죠.

가장 중요한 것은 국가 기관이 여당 후보의 승리를 위해서 동원됐다는 거예요. 있을 수 없는 일이잖아요. 국정원이 선거에 동원됐고, 경찰은 그것을 알았는데도 덮어줬잖아요. 군, 검, 경이 다 동원된 공정하지 못한 선거였어요. 그 결과 박근혜라는 괴물 대통령이 탄생한 거죠. 처음부터 불법을 저질러서 대통령이 되었는데, 이런 일이 벌어지게끔 당시 이명박 정부가 그냥 두거나 적극 가담했다는 거예요. 이거부터 바꿔야죠.

그런데 과연 우리 선거에서, 국정원이 개입하지 않은 선거가 있을까, 여당의 정보통인 정형근 씨가 2000년 총선 때 했던 말에 주목해야 해요. 당시 야당인 보수 세력이 사설정보팀까지 동원해서 국정원이 선거에 동원되는지, 개입하는지 알아봤더니 한 건도 없더라, 김대중 정부를 그런 면에 대해서는 굉장히 존경한다고 했습니다. 한국 선거 역사상 국정원이 선거에 개입하지 않은 때는 2000년 총선이 유일하다고 정형근이 말했습니다. 그러면서 당시 대통령인 김대중을 칭찬했다고요. 그게 뭘 뜻하겠습니까? 그 전에는 너무나 당연히도 국정원의 선거개입이 일어났다는 것 아닙니까?

국가 공권력부터 개혁되지 않으면 지금 같은 문제가 계속 파생할 수밖에 없어요. 한홍구 교수가 국가의문사위원회 위원으로 국정원의 협조를 받아서 조사를 한 적이 있습니다. 그때 한홍구 교수를 도와줬던 국정원 직원들, 과거에 잘못되었던 것을 바로 잡자고 조사에 참여했던 그들이 나중에 보니까 간첩 조작사건에 관여되어 있더라는 거예요. 그 사람들은 말 그대로 공무원이에요. 어떤 정부가 들어서냐에 따라서 왼쪽으로 가기도 하고, 오른쪽으로 가기도 하잖아요. 국가정보원은 국민의 세금으로 운영되는 집단이잖아요. 그러면 옳은 길로, 국민을 위한 길로 가야지요.

그러니까 국정원 선거개입으로 인해 이상한 대통령이 탄생하고, 뒤에서 최순실이라는 사람이 국가기관을 이용해서 개인의 이익을 극대화한 겁니다. 이런 일들이 더 이상 일어나서는 안 되죠. 공무원이든 정치인이든 출세 의지가 없겠습니까? 성공하고 싶은 마음, 돈 벌고 싶은 마음이 왜 없고, 명예욕이 왜 없겠습니까? 공인들도 그런 마음을 가질 수 있어요. 하지만 공인이라면 단 1%라도 사적 이익보다 공적 책무를 더 무겁게, 더 먼저 생각해야죠. 그렇게 하라고 국가에서 세금으로 월급 주는 거 아닙니까? 지금 보면 국정 농단 세력들은 공적 책무보다 사적 욕심에 취해 있었어요. 공적 책무보다 사심이 앞서는 사람은 공무원이 되면 안 되죠. 그래서 저는 정치권에 안 들어가려고 하는 거예요. 저는 사적 욕망이 강하거든요. 돈도 벌고, 출세도 하고.(웃음)

지　　예전에 김영삼 대통령이 '돈과 권력은 함께 가면 안 된다'고 했잖아요.

이　　그랬죠. 정주영 회장이 1992년 대선에 출마했을 때 사람이 모든 것을 가지려고 해서는 안 된다고 했는데요. 결국 돈과 권력 둘 다 가지려 했던 정주영 회장은 대선에서 패배했습니다.

종편의 미래?
스스로 만든 덫에 걸렸어!

지   박근혜 대통령에 대해서 검증의 시간이 부족했다고 말씀하셨는데요. 사실 시간이 부족했다고 볼 순 없을 것 같거든요. 박근혜란 인물이 현대사에 등장한 시점 자체도 그렇고요. 진보, 보수를 떠나서 이 사람이 정말 공적인 영역을 맡을 자격이 있느냐, 대통령이 될 자격이 있느냐, 이런 검증이 필요한건데요. MB 쪽의 정두언이나 이런 분들은 박근혜의 실체를 이미 알았다는 거잖아요. 선거 때는 상대의 문제점을 지적할 수 있지만, 그 이후에 주장하면 정치공세라고 해서 몰매를 맞는 분위기가 되어버려요. 야당도 어느 정도는 알고 있었을 텐데, 그걸 얘기하면 '치사하다. 뭐 이런 것까지' 하면서 역풍을 맞을 가능성이 있기 때문에 문제 제기를 못했다는 거잖아요. 만약 이 사실을 몰랐다면 무능했던 것이고, 알았는데 문제 제기를 못했다면 이 또한 심각한 문제 아닌가요? 야당도 그 부분에 대해서는 무능하거나 비겁했다는 비판을 피할 수 없겠지요.

이　맞습니다. 하지만 저는 정치인에 대한 검증이나 비판은 언론이 해야 한다고 봅니다. 언론의 고유 책무인데… 우리 언론도 사실 진영 논리로 나뉘어 있거든요. 그러다보니까 어떤 신문에 나오면 '공격하려고 쓰는구나' 하고 국민들이 생각해버려요. 그런 문제가 가장 크지 않을까요? 사실 박근혜-최태민, 최순실과의 관계는 저도 알고 있었던 문제고요. 이이제이에서도 국정농단 사태가 터지기 2년 전에 다 얘기한 겁니다. 그런데 언론들이 몰랐다고 하는 것은 직무유기인 셈이죠. 야당도 반성해야 할 부분이 있지만, 가장 반성해야 할 사람들은 언론입니다. 그저 받아쓰기나 하고.

지　이이제이뿐만 아니라 이상호 기자, 주진우 기자 등이 몇 년 전부터 제기했었잖아요. 아무리 인터넷 방송이나 뉴스타파에서 얘기를 해도 사람들에게 전해지는 것은 너무 느리고요. 메이저 언론에서 얘기를 해야 파급력이 생기잖아요.

이　김대중, 노무현 정권에서는 언론 환경이 어느 정도 균형이 맞춰져 있었거든요. 방송은 약간 진보, 조중동을 비롯한 신문은 보수 쪽을 대변하는 측면이 있었죠. 그래서 국민들이 다양하게 의견을 받아들일 수 있었는데, MB 정권 들어서 종편 4사가 탄생하고, 방송국 사장도 자기 마음대로 임명해버리니까 신문부터 모든 언론이 한쪽으로 쏠려버린 겁니다. 그래서 우리나라 언론 환경은 기울어진 운동장이 되어버렸잖아요. 그렇게 되다보니 한쪽으로 여론을 호도하려고 마음먹으면 쏙 몰리는 거예요. 이상호 기자가 지상파에서 최태민 관련 사건들을 터뜨려줬으면 진작 이슈화될 수도 있었던 거죠.

지   언론의 직무유기가 더해져 기울어진 운동장이 됐잖아요. 지금이야 조선일보와 현 정권이 각을 세우고 있지만 다른 사안으로 넘어가면 얘기가 달라지겠죠. JTBC 정도만 국민들이 신뢰할 수 있는 것 같은데요. 인위적으로 정권이 언론을 바꿀 수도 없는 거고요. 언론을 변화시키기 위해서는 어떤 노력이 필요할까요?

이   사실은 김대중 정부나 노무현 정부에서도 언론과 접촉을 하지 않은 것은 아니죠. 하지만 지금처럼 블랙리스트를 만들거나 하지는 않았습니다. 가장 큰 구조적 문제는 방송국 사장을 임명하는 데 대통령의 입김이 강하게 작용한다는 거잖아요. 목줄을 청와대가 쥐고 있으니까 거기에 따라갈 수밖에 없는 거고요. YTN이나 연합뉴스도 마찬가지잖아요. 언론개혁 입법이 국회에 올라가 있지만, 어쨌든 보수정당의 반대로 통과가 안 되고 있으니까요.
정권이 교체되었을 때의 힘으로 밀어붙여서 그걸 바로잡아놓지 않으면 이런 사태는 계속 반복될 것 같아요. 엄밀하게 따지면 종편 4사 가운데 재심을 통과할 방송국은 JTBC 이외에는 안 보이죠. 물론 이해는 합니다. 계속 적자가 쌓여가고 있기 때문에. 하지만 종편의 가장 큰 문제점은 신문에서 출발했다는 것인데, 신문과 종편의 논조가 똑같이 갔던 것, 그것은 이념적으로도 문제지만, 경영 마인드로 봐도 낙제점이에요.

예를 들면 다른 나라에서 방송과 신문을 함께 가지고 있는 경우 신문은 보수적 논조여도 방송은 진보 성향을 추구하거든요. 그걸 지금 중앙일보가 보여주는 거죠. 신문은 보수지만, JTBC는 사장을 손석희로 앉히면서 왼쪽으로 가잖아요. 그렇게 해서 어느 정도 균형을 맞춰주는 게 필요해요. 지금 동아나 조선, 매일경제는 안 그렇잖아요. 똑같이 보수로 가니까 시장이 한쪽 밖에 없는 겁니다.

이렇게 가다간 종편의 미래는 암울할 수밖에 없어요. 종편의 핵심 시청자들인 지금의 60~70대 분들이 돌아가시면 그때 보수 언론은 뭐 먹고 살지 모르겠어요.(웃음) 지금 방송국에서 가장 신경 쓰는 집단이 2040집단이에요. 이 집단들이 많이 봐줘야 광고가 붙어요. 기업은 그 사람들이 선호하는 곳에 광고를 보낼 수밖에 없죠. 소비 파워가 있으니까. 종편의 미래를 위해서라도 일방적 보수로 가는 것은 좋지 않아요. 이것은 제가 신문방송을 전공한 사람으로서 하는 충고입니다.(웃음) 먹고살려면 신문은 보수로 가되, 방송은 진보로 가라는 거죠.

지　종편도 20~40대를 주시청층으로 잡고 싶겠죠. 그런데 그들을 위해 세련되게 방송을 만들려면 돈이 들어가잖아요. TV조선이나 채널A

가 구태의연해진 것도 돈 안들이면서 자기들의 시청자를 끌고 가려고 한 선택 아닐까요? 독한 말을 쏟아내는 패널들을 섭외해서 토크쇼를 하는 건데, 길게 봐서는 독약이 되겠지만, 일단 청취율이 나오니까.

이　어느 순간 TV조선이 그걸 깨달았어요. 2040을 잡아보자고 해서 진보 쪽 패널 중 말발이 센 진중권도 괜찮고, 이동형도 괜찮다, 다 와라, 마음대로 말해라, 정청래도 좋다고 했었거든요. 그런데 일단 진보 패널이 TV조선에 안 나가니까 포기하고 다시 과거로 회귀했어요. TV조선이 살아남으려면 지금까지 야당 지지자, 진보적 성향을 가진 사람들을 적대시 했던 문제를 풀어야 해요. 그러려면 상당히 시간이 오래 걸려요. 그게 단기간에 되겠습니까? 저도 TV조선에서 출연요청이 많이 들어왔지만, 안 나갔는데요. 제가 나간다고 하면 저를 좋아하는 사람들부터 엄청 욕할 거예요. 제가 그걸 우리 지지자들한테 얘기할 수 있을 정도로 TV조선이 먼저 변해야 합니다. JTBC처럼 손석희 같은 사람을 사장으로 앉히든가, 그러면서 우리도 변하겠다는 모습을 보여줘야죠. 안 그러면 정말 TV조선의 앞날은 없을 거라고 봅니다.

팟캐스트,
종편과 맞장 뜨다

지   보수 정권이 인위적으로 보수 쪽 언론에 힘을 실어주다 보니까 팟캐스트가 인기를 얻어 균형을 맞춘 것 같아요. 예전에 〈나는 꼼수다〉(이하 나꼼수)의 흥행을 이이제이가 이어받았다고는 하지만, 나꼼수만큼의 영향력이 있는 것 같지는 않다는 얘기들이 있잖아요.

이   나꼼수의 돌풍은 분명히 있었죠. 대통령 선거를 겨냥해서 한 거잖아요. 선거에 졌으니 결과론적으로 실패했죠. 그리고 나서 팟캐스트 시장이 굉장히 침울해졌습니다. 박근혜 정부 출범 후 1년쯤 지나서 야권 지지자들이 볼 때는 방송이 제대로 돌아가지 않는다고 판단해서 다시 돌아왔다고 봐요. 다만 나꼼수가 혼자 먹었던 파이를 나누게 된 거예요. 김어준의 파파이스, 정봉주의 전국구, 김용민까지 해서.

그리고 초창기에는 팟캐스트가 100개도 안 됐지만, 지금은 7000개가 넘거든요. 다양한 분야의 사람들이 들어와서 저변이 오히려 확대됐다고 생각해요. 오히려 영화 팟캐스트, 코미디 팟캐스트를 들으러 왔다가 순위권에 정치 팟캐스트가 있으니까 듣게 되고, 재미 있으니까 야권을 지지하게 되고, 이런 연쇄작용이 일어난 거죠.

결정적으로 야권에 도움을 준 것은 2016년 총선이었습니다. 이번 총선은 종편과 팟캐스트의 싸움이었고, 팟캐스트가 대승을 거두었다고 봐요. 팟캐스트의 주청취자들은 충성도가 굉장히 높은 사람들이거든요. 예를 들어 부산에서 출마한 박재호 후보를 이이제이 방송에서 소개했는데요. 사무실 전화가 마비될 정도로 격려 전화가 많이 왔고, 보약을 보내주신 분들도 있었어요. 거리에서 만나면 다들 '이이제이 파이팅'을 외쳐주고, 그 사람들이 '나는 서울 살지만 부산에 사는 친구에게 전화해서 박재호를 찍어주라'고 할 정도로 충성도가 높기 때문에 이번 총선에 큰 영향을 미쳤어요.

청와대 관계자의 말을 제3자로부터 들은 이야기인데요. 팟캐스트 때문에 총선에 졌다고 판단했고 팟캐스트를 법적으로 제재하려고 했지만 방법이 없다는 겁니다. 지금 법률상 팟캐스트는 방송에 포함되지 않기 때문에 방송통신위원회의 제재도 안 받거든요. 심의도 안 받으니 제재할 방법이 없는 거죠. 그런 점에서는 기여를 했는데, 다만 앞으로가 걱정입니다. 정권이 바뀐다면 이제는 지상파 방송도 제자리로 돌아가서 야권 지지자들이 원하는 방송을 했으면 좋겠어요. 그렇게 되면 공정한 뉴스에 대한 결핍이 사라질 것이고 수많은 청취자들이 계속 팟캐스트에 남아 있겠느냐는 건데요. 언론 환경이 달라지면 팟캐스트 청취자들은 어느 정도는 떠날 거라고 봅니다.

지　팟캐스트 방송하던 분들이 공중파나 종편에 나가게 되는 것은 좋은 일일 텐데요.

이　사실은 블랙리스트가 문서로만 존재하는 것은 아니거든요. 저는 블랙리스트에 이름이 없어요. 다만 MBC도 그렇고, KBS도 그렇고, 담당 작가, 담당 피디, CP까지 출연을 결정했는데, 막판에 취소되는 경우가 한두 번이 아니었거든요. 이름만 없지, 블랙리스트인거잖아요. 방송국 요청으로 방송국에서 제작진과 만났는데, 그 방송국에 제가 온 것이 알려지니까 다음에는 외부에서 만나자고 해요. 그게 블랙리스트잖아요.

정권이 바뀌면 팟캐스트 활동하는 사람들이 지상파로 영역을 넓혀가는 것은 좋은데, 팟캐스트가 그래도 살아남으려면 조금 더 다양성이 있어야 해요. 지금 상위권에 있는 팟캐스트들은 대부분 정치를 다루고 있어요. 그중 유일하게 정치와 무관했던 사람들이 성공한 경우는 이이제이 하나 밖에 없어요. 콘텐츠 하나만 가지고 성공할 수 있는 팟캐스트가 많아져야 합니다.

지　이이제이 같은 경우 한 방송 당 평균 200만 명 이상 듣고 하니까 영향력이 생겨 정치인도 섭외할 수 있고, 선순환이 이루어지는 거잖아요. 그러니까 광고도 들어오고, 영향력도 커졌는데, 그런 프로그램이 많지 않아요.

이 상위 팟캐스트는 광고 수입이 있어요. 그걸로 충분히 운영할 수 있습니다. 하지만 하위 팟캐스트들은 열악하지요. 이제는 정부에서 팟캐스트를 지원해야 한다고 생각해요. 한국 콘텐츠 진흥원 같은 곳에서 해야 할 일이죠. 콘텐츠 생산을 하는 사람들을 지원해주라고 만든 거니까요. 이이제이에서 소개된 주제를 가지고 영화로 만들어진 것도 몇 편이 있어요. 지금 윤종빈 감독도 〈공작〉이라는 작품을 준비하고 있는데요. 그게 우리 흑금성 특집을 듣고 만드는 거예요. 우리가 1차 콘텐츠를 생산하면 그것을 기반으로 제2, 제3의 콘텐츠가 나오는 거죠.

지 팟캐스트를 정부에서 어떻게 지원할 수 있을까요?

이 팟캐스트 하는 분들이 편당 100만 원, 200만 원 지원해 달라고 하는 게 아니에요. 녹음할 때 차비 안 들일 정도면 돼요. 콘텐츠 진흥원에서 녹음실 여러 개 만들어서 무료로 녹음할 수 있게만 지원해주면 되거든요.

정부에서 내보내는 광고만 하더라도, 신문 광고나 지상파 광고보다 팟캐스트 광고비가 훨씬 싸니까 나눠서 지원해줄 수도 있고요. 꼭 팟캐스트 뿐만이 아니라 아프리카TV나 UCC도 그렇고, 지원해줄 필요가 있죠.

지 문화정책의 대상인 영화나 방송 같은 경우, 대통령이 바뀌면 자기 입맛에 맞는 것만 지원하잖아요. 그걸 걸러낼 수 있는 장치가 필요할 텐데요. 정치적인 것을 떠나서 실력이 있고, 의미가 있으면 지원해주는 시스템이 되어야겠죠. 소위 진보 진영이 집권했을 때도 이만큼은 아니었지만, 보수 진영에서 볼 때는 피해의식을 느낀 부분도 있었을 테고요. 물론 보수 진영처럼은 하지 않았지만요. 요즘 사람들은 진영 논리에서 벗어나기가 힘들고, 거기에서 벗어나는 사람은 먹고살기 힘든 것 같습니다.

이 팟캐스트가 야권을 지지하는 매체라고 볼 수는 없잖아요. 그렇게 하라고 만든 것도 아니고요. 보수 진영의 변희재, 이봉규 같은 사람도 팟캐스트 시장에 들어 왔었어요. 그런데 왜 사라졌을까요? 듣는 사람이 없으니까요. 시장논리에 따라 실패한 거죠. 수요자가 없으니까 사라진 것이지 보수라서 피해를 봤다고 할 수 없는 거죠. 예를 들어 청와대에서도 뉴미디어 팀이 있어요. 앞으로는 뉴미디어가 중요하다고, 미래의 먹거리라고 많은 사람들이 얘기하잖아요. 모든 것을 다지원할 수 없으면 개별 심사를 통해서 창작물 지원을 할 수도 있지요. 방법은 여러 가지가 있습니다. 결국 의지의 문제라는 거죠.

현대사를 제대로 알면
절대 1번 못 찍는다

지 이이제이를 통해서 한국 사회에 무슨 이야기를 하고 싶었나요?

이 우리 방송을 좋아하면서도 힘들어하는 분들이 많이 있어요. 왜
냐하면 현대사를 다루니까. 대한민국 현대사는 여전히 현재진행형인
아픔이고 슬픔이니까. 아직 국가 공권력으로부터 피해를 입으신 분
들, 그의 후손들이 이 땅에서 살아가고 있잖아요.

지 일제 강점기, 한국전쟁, 독재정권…

이 현대사만 이야기하면 사람들이 울어요. 듣고 있으면 가슴이 아
프고, 먹먹하니까. 제가 현대사 이야기를 하는 것은 그 아픈 역사를
우리 국민들이 알아야 하기 때문이죠. 그러면 새누리당으로 대표되는

보수집단은 기득권 세력, 기회주의 집단이라는 것을 알게 될 것이고, 절대 표를 주지 않을 거라는 확신이 있었어요. 그래서 팟캐스트 주제를 현대사로 잡았고, 그것만 한 겁니다. 제가 보람된다고 말했던 것도 같은 이유죠. 이이제이 듣고 나서 '이런 걸 좀만 일찍 알았다면 1번을 찍지 않았을 텐데' 하는 분들이 많아요. 학교에서 이런 것을 가르치지 않잖아요. 국사 교과서를 보면, 현대사는 맨 마지막에 몇 장 나오지도 않고, 그때쯤 되면 안 가르쳐요.

지　구한말 나오면 방학하고.(웃음)

이　역사 공부를 혼자서 자발적으로 하기 쉽지 않잖아요. 그래서 포장마차에서 동네 형이 술 한 잔 먹고 '아, 옛날엔 말이야' 하는 콘셉트로 하고 싶었어요. 재미있게. 재미없으면 안 들으니까. 그래서 처음에는 과도하게 욕도 많이 했는데, 저는 그게 먹혔다고 생각하고요. 목표는 그거였죠. 현대사를 알려주면 보수 집단에게 투표할 일이 없을 것이다! 저는 IMF때 굉장히 충격을 받았어요. 1997년 대선에서 김영삼 정권의 무능이 IMF를 초래했고, 이인제가 탈당해서 보수가 분열했음에도 불구하고 김대중이 겨우 이겼잖아요. 이건 도대체 뭐야?
지금 국정농단 사태가 저렇게 벌어졌는데도 박근혜를 지지하는 보수 표가 20%는 있잖아요. 너무 충격적이지 않나요? 저분들에게 정치적으로, 논리적으로 이야기를 하면 먹힐까? 그냥 현대사 이야기를 해주면 될 것 같다, 그래서 시작한 겁니다.

5년 동안 저희가 300회 가까이 했는데요. 충분히 우리가 하고 싶었던 이야기나 메시지가 전달되었다고 봅니다. 지금까지 총 다운로드 수가 2억 5천만 회 정도 되더라고요.

지 '박흥숙 특집'의 다운로드 수가 가장 높던데요. 무등산 타잔 이야기를 하는 거잖아요. 그걸 사람들이 가장 많이 들었다는 것이 신기하더라고요.

이 560만 명 정도 들었더라고요.

지 그렇게 선정적인 주제도 아니고, 대중적으로 관심을 가질만한 것도 아닌데요.

이 그것도 현대사의 아픔이잖아요. 사람이 살인을 했어요. 세 명이나 죽였어, 그런데 왜 죽였을까, 보니까 너무 가난하고 어렵게 살고, 한번 날갯짓을 해보려고 노력하다가 국가의 잘못된 시책 때문에 살인까지 저지른 거잖아요. 그게 내 아버지 얘기 같고, 우리 할머니 얘기 같았어요. 문성근 선배가 이이제이에 직접 출연한 적이 있는데, '이이제이 다 들으셨다는데, 가장 기억에 남는 에피소드가 뭐예요' 하니까 '나는 박흥숙 편이 정말 좋았어'라고 했어요. 그 한 마디에 사람들이 '그래?' 하고 다시 가서 듣고, 그러다보니까 다운로드 수가 높아진 거예요.

이이제이는 끝났지만
다운로드는 계속된다

지　입소문이 나면 사람들이 바로 찾아서 들어볼 수 있으니까.

이　영화 〈암살〉이 성공하고 나서 약산 김원봉 특집 다운로드가 급격하게 올라갔거든요. 사실은 나꼼수나 김용민의 뉴스 브리핑 같은 경우에는 하루 지나면 들을 이유가 별로 없잖아요. 그런데 이이제이는 1년이 지나고, 3년이 지나서 또 들어도 되거든요. 옛날 이야기, 역사 이야기니까. 그런 것이 우리가 가진 장점입니다. 우리가 역사를 대하소설처럼 읽어주니까 한 달 지나서 들어도 어색하지 않죠. 어떤 분들은 한 방송을 3~5번씩 듣는다고 합니다.

지　거기 빠지면, 무한도전 재방송 보는 것처럼.(웃음)

이　이이제이가 끝난다고 해서 다운로드가 멈춘다고 생각하지 않아
요. 계속해서 듣게 될 거고요. 새롭게 들어오시는 분들도 분명히 있을
겁니다.

지　어떤 특집이 가장 인상에 남나요?
이　저는 김재규 특집이 좋았어요. 김재규의 행적에 대해 기존 언론
사들, 방송국에서 다큐멘터리도 많이 찍었지만, 못 찾았던 이야기들
을 제가 찾았던 것도 있고요. 김재규 특집을 만들고 나서 이이제이 다
운로드가 급상승했어요. 만듦새도 좋았고, 김재규에 대한 재평가 기
회를 제공한 거죠. 5년 전에 방송된 것이기 때문에 지금 들으면 조금
부끄러운데, 그때는 잘 만들었다고 생각했어요.(웃음)
또 하나는 약산 김원봉 특집이요. 우리가 방송하기 전에는 약산이라
는 사람의 존재만 알려져 있었죠. 구체적으로는 그 사람이 어떤 행동
을 했고, 어떻게 삶을 마감했는지는 다들 몰랐을 겁니다. 약산의 삶을
우리가 재조명한 데 대해서 반응이 좋았어요. 우리나라에도 그런 스
페셜한 독립운동 부대가 있었다는 것, 한국인으로서 자부심이라고 할
까요? 어쨌든 영화화까지 됐기 때문에 약산 특집도 굉장히 마음에 들
어요. 최초로 약산이 빨갱이가 아니라 진정한 독립운동가라는 것을
대중에게 대중의 언어로 알려줬으니까. 물론 논문이나 책으로는 많이
나와 있지만 잘 안 읽잖아요. 우리는 방송을 하면서 약산이 여성 편력
이 있었다, 여자를 좋아했다, 이런 것들을 얘기해버리잖아요. 약산의

아내는 성병으로 사망했다는 설까지 있다고도 했죠. 우리는 영웅을 미화하는 게 아니라 있는 그대로 이야기했습니다. 그런 점도 청취자들로부터 평가를 받지 않았나 싶어요.

지　요즘 평전도 예전의 위인전 같지는 않잖아요. 마틴 루터킹 평전에 이 사람의 치부도 다 나오잖아요. 결론이 '그럼에도 불구하고 대단한 사람이었다'는 거잖아요.

이　그게 맞아요. 우리나라에 위인이 안 나오는 것은 위인전 때문인 것 같아요. 우리나라 위인전을 읽으면 우리나라 위인들은 잉태될 때부터 달라요.(웃음) 일단 태몽도 이상해! 용이 나오고, 달이 나오고, 해가 나오고. 어렸을 때부터 천재고, 남자 같으면 골목대장이고, 다 그 모양이야, 그걸 읽는 어린 아이들은 어떻게 생각하겠어요. '나는 안 되겠구나, 나는 이 사람들하고 다르구나' 이렇게 생각하지 않을까요? 외국 위인전을 보면, 에디슨은 어린 시절 학교 수업도 못 따라갈 정도로 멍청했다고 나오잖아요.(웃음)

지　처음 이이제이를 시작할 때 마음속에 품은 목표는 다 이룬 셈인가요? '할 만큼 했다'는 말씀을 많이 하신 것 같은데요.

이　할 만큼 했다고 하는 것은 1주일에 한 번씩 콘텐츠를 만들어낸다는 게 쉬운 일은 아니라는 의미고요. 자료조사와 원고 작성, 편집을 저 혼자 해야 했고, 선거가 있던 기간에는 1주일이 아니라 이틀에 한번 씩도 올리고, 요청이 오면 부산, 여수 할 것 없이 전국적으로 돌아다녀야 했어요. 육아는 아내한테 완전히 맡겨 놓을 수밖에. 어떻게 보면 아내의 배려 덕분에 이이제이를 꾸려갈 수 있었습니다. 이이제이 팬과 결혼했기 때문에 그런 것이 용납된 면도 없지 않아 있었지만, 1주일에 집에 들어가는 시간이 하루 이틀 밖에 없을 정도였어요. 제가 할 수 있는 범위 내에서 최선을 다하지 않았나 싶어요. 이 정도 했으면 됐다고 스스로를 위안하는 거죠.

지 나로서는 최선을 다했다? 한 번의 특집을 만들기 위해서는 물리적으로 3일이 필요하다고 했는데, 평생 자료를 봐뒀기 때문에 할 수 있었던 것 같아요.

이 그럼요. 2012년 7월에 첫 방송이 올라갔어요. 대통령 선거가 12월에 있었잖아요. 2012년에 노무현, 김영삼, 김대중, 김재규 특집을 했어요. 그때는 제가 도서관에 안 갔어요. 기존에 갖고 있던 자료, 머릿속에 있던 것으로 한 겁니다. 대통령 선거가 끝나고 우리가 다시 돌아왔는데요. 노무현 특집 이후로 듣는 사람들이 굉장히 많이 불어났어요. 100만 명을 돌파했으니까요. 그러니까 오류를 지적하시는 분들이 생기더라고요. 역사적 사실에 대한 평가는 다를 수 있지만 사실이 틀리면 안 되는데, 제가 그런 오류를 범했던 겁니다. 연도가 틀린다든가, 사람 이름을 바꿔 말한다든가, 제 기억의 한계이고, 제가 가진 자료의 한계였죠.

그때부터 도서관에 다니기 시작했어요. 도서관에 다니다 보니까 욕심이 생기고, 그러면서 조금 더 많은 자료를 찾은 거죠. 자료를 찾는 데 반나절, 집에 와서 그것을 검토하는 데 반나절이 걸렸어요. 자료 확인에만 꼬박 24시간을 쓰는 거죠. 그리고 나서 수요일, 목요일까지 계속 원고를 씁니다. 녹음하고 나서 다음날 편집까지 끝내야 하고… 그 당시에는 제 머릿속에 있는 현대사 지식을 굉장히 믿었거든요. 팟캐스트를 수많은 사람들이 듣다보니까 저보다 더 똑똑한 사람, 저보다 더 지식이 많은 사람들이 있을 수밖에 없잖아요. 오히려 그런 분들 때문에 제가 또 한 단계 더 발전할 수 있는 계기가 되었죠.

안동이 배출한
정치 신동

지 　안동 출신이잖아요. 경북에서도 상당히 보수적인 도시인데요. 언제부터 DJ를 좋아하게 됐나요?

이 　제가 1987년, 초등학교 5학년 때 수업을 마치고 후문에서 나오는데, 예쁜 여대생 누나가 뭘 나눠주더라고요. 전단지를. 보니까 사진전이에요.

지 　그분이 운동권이셨구나. (웃음)

이 　그때 안동대 학생이었던 같아요. 안동시민회관에서 사진전을 한다고 놀러오라고 했는데, 그 누나가 예뻐서 가겠다고 했어요. 우리 학교에서 걸어서 20분 걸리는 곳에 시민회관이 있었어요. 거기서 5.18

사진전을 했던 거죠. 사진이 굉장히 잔인하잖아요. 초등학생이 보면 안 될 정도로. 그걸 보고 충격을 받은 거죠. '우리 교과서에 나오는 전두환 대통령이 이럴 리가' 하고.

지   우리 동네에서는 어른들이 무척 좋아하시는데.(웃음)

이   그때부터, 초등학생부터 의식화된 거지.(웃음) 당시 우리 집에는 책이 없었고, 큰집에 가서 누나, 형들이 보는 책들을 빌려 봤죠. 물론 이해가 안 되었어요. 그때부터 닥치는 대로 책을 읽었는데, 정치가 아주 재밌더라고요. 특이한 애였죠. 학교 공부를 잘하지는 못했어요.

지   아무래도 그런 책을 주로 보니까.(웃음)

이   나중에는 큰집에 읽을 책이 없었어요. 그래서 만화방에 갔어요. 옛날엔 만화방에 만화만 있는 것이 아니고, 잡지도 있었고, 신동아, 월간조선, 월간 말, 사회과학 서적들도 있었어요. 저는 만화방에서 그런 것만 봤어요. 처음에는 YS 팬이 됐습니다. 그런데 1990년, 제가 15살 때, 김영삼이 3당 합당을 하자 너무 큰 충격을 받았어요. '우리 YS가 이럴 수가' 하고 사흘간 식음을 전폐했어요. 15살 짜리가.(웃음) 그때 배신감을 느껴서 DJ로 갈아탔어요. 1987년에 어떤 책까지 읽었냐 하면… 함윤식 씨라고 있어요. 김대중 비서 역할을 했던. 그 사람이 《동교동 25시》라는 책을 썼는데, 처음부터 끝까지 DJ를 욕하는 내용이었어요. 여자 문제부터 시작해서 도덕적인 것을 다 밝힌 책인데요. DJ

비서로 있다가 안기부에 포섭되어 저쪽으로 간 사람이죠. 아직도 생생히 기억나요. 호텔 방에서 갑자기 바지춤을 올리고 DJ가 나오는데, 뒤에 여자가 따라왔다는 부분도 있었어요. 그래서 DJ는 안 되겠다고 해서 YS로 간 건데요. 나중에 알게 된 거죠. 이게 다 안기부의 공작이었구나, 하고. 선거 전에 그 책이 나왔거든요. 별의 별 책을 다 읽었는데, 1990년 3당 합당 이후부터 'DJ빠'가 됐습니다.

지　지금도 기억에 나는 책이 있나요?

이　손에 잡히는 대로 읽었어요. 그때는 활자 중독이라고 해야 하나, 그 정도였어요. 그런 책을 학교 수업시간에도 책상 밑에다 두고 봤으니까요.

지　부모님은 어떤 분들이에요?

이　우리 아버지는 TK 출신이지만 깨어 있는 분이셨어요. 제가 1987년 5월에 사진전을 보고 세상을 알기 시작하고 그 해 12월에 대통령 선거가 있었잖아요. 아침에 아버지가 투표를 하러 가는데, 제가 붙잡았어요. 그리고 2번을 찍으라고 했어요. 김영삼을. 아버지가 봤을 때는 이상하잖아요. 12살 밖에 안 된 아들이 저런 이야기를 하네, 하고.(웃음) 그래서 저를 붙잡고 물어보셨어요.

지　왜? 하고.(웃음)

이 우리 아버지는 김영삼을 찍었고, 노무현을 찍었고, 그 이후에는 문국현을 찍었어요. TK에서는 좀 깨어 있는, 저와는 대화가 되는 분이었어요. 제가 본격적으로 책을 쓰고 이이제이를 시작하고 나서 아버지가 친구들하고 있을 때는 아들 얘기를 잘 안 하죠. 제가 명절에 내려가잖아요. 그러면 큰집에 가면서 '정치 얘기는 하지 마' 하면서 가요.(웃음) 이번 설 명절에는 삼촌이고 큰아버지고 다 '동형이 때문에 문재인 찍어야지' 그러시더라고요. 가족 한 명이 이렇게 되면 분위기가 바뀌는 겁니다. 그래서 지난 총선 때 방송 하면서 부모님의 생각을 바꾸는 게 어렵지 않다고 했죠. '저 사람이 되면 내 삶이 바뀌어요, 엄마' 이 한 마디라도 효과가 있거든요. 아니면 거짓말 좀 쳐라, '나 저 사람이랑 친하다'고. 논리로 바뀌기는 쉽지 않으니까. 싸움 밖에 안 나는 거죠. 밥상 뒤엎고.

지 거침없이 이야기할 수 있는 것이 물적 토대에서 나오는 건가요? 그게 없으면 사람이 굉장히 조심스럽잖아요. 이 말 했다가 잘리면 힘들어질 수도 있고. 말을 거침없이 한다는 것이 우리 사회에서 생각보다 쉽지 않잖아요.

이 왜 그렇게 됐는지는 잘 모르겠는데, 어렸을 때부터 그런 게 있었어요. 할머니한테 '남자는 화장실 갈 때도 지갑을 가지고 가야 돼'라는 말을 들었어요. 부모님이 저한테 전혀 간섭을 안 하셨어요. 숙제해라, 공부해라, 일찍 들어와라, 이런 게 전혀 없었어요. 어릴 때부터 제가 하고 싶은 것을 다 하고 살다보니까요. 중학교 3학년 때 쯤 진로를 생각하잖아요. 저는 어디 회사를 들어간다든가, 공무원을 한다든가 하는 생각은 단 1그램도 없었어요. 남 밑에 들어가면 다음날 바로 잘릴 것 같더라고요.(웃음) 자유로운 직업을 꿈꿨는데, 그게 뭘까 생각해봤죠. 저는 정치를 좋아하고 말하는 것이 재미있으니까, 야당 대변인이 하고 싶더라고요. 그래서 장래 희망란에 야당 대변인을 적고 이랬다니까요. 그깃도 웃기지, 국회의원도 아니고, 야당 대변인이라고 한 것을 보면 반골 기질이 좀 있었던 것 같아요.

지　군사정권에 대한 반발심이었나요?

이　그것도 있지만 선생님께서 실수하는 것을 보면 지적하곤 했어요. 권위에 도전하고 싶고, 그런 성향이 있었지요.

지　선생님들이 싫어했겠네요.(웃음)

이　좋아했어요.(웃음)

지　동네 유지 아들이라 그런 거 아닙니까?(웃음)

이　시골에는 순진한 애들만 있고 발랑 까진 애들이 없거든요.(웃음) 그래서 선생님들이 재미있어 했어요.

지　권위주의적인 선생님은 자기 얘기에 토 달고 그런 것을 싫어할 수도 있잖아요.

이　맞기도 많이 맞았지요.(웃음) 어떤 선생님은 앞으로 자기 수업에 들어오지 말라고 해서 진짜로 안 들어가고 그랬어요. 들어오지 말라고 했으니까.(웃음)

지　그게 가능합니까?

이　그게 왜 가능했냐 하면 저희 고등학교가 소위 똥통 고등학교였어요. 좋은 고등학교 떨어져서 오는 애들이 대부분이에요. 저는 어느 정도 공부를 잘했는데 중학교 친구들이 모조리 공부를 못해서 다 그 학교로 가더라고. 그래서 친구들 따라간 거죠. 그걸 부모님께서 반대하지 않았고. 고등학교를 갔는데 학생들 수준이 떨어지니까 선생님들이 답답해했죠. 유일하게 저만 대화가 되니까 좋아했었어요. 지금도 선생님들하고 연락을 해요.

지　자존감이 강하고, 하고 싶은 일을 한다는 면에서 김어준 총수와 비슷한 캐릭터인데, 방임이 진짜 좋은 거네요.(웃음)

이　우리 애들도 방임으로 키울 거예요. 강요 안 하고. 그런데 군대 갔을 때 이게 안 좋더라고요. 엄청 두들겨 맞았어요.

지　아무래도 그 사람들이 당황했겠죠.

이　사람들이 때리면 말을 들을 줄 알았겠지, 그런데 저는 맞고도 똑같이 했거든요. 요즘 말로 하면 관심 사병이었죠. 맞으면 논리적으로 따지고 대들고 그러니까. 잘못한 게 없으니까. 군대에서 그러면 고참들이 피곤해하고 그러잖아요.

지 　저도 군대 가서 뭘 쓰라기에 '사병들을 인간적으로 대우해줘야 강군이 되고' 이렇게 썼다가 엄청 깨졌어요.(웃음)

이 　제가 하는 글쓰기도 그렇고, 팟캐스트도 그렇고, 창작 작업이잖아요. 자유로운 영혼이 아니면 못하거든요. 제가 이박사랑 방송하면서 이박사에게 가장 안타까운 것이 방송 센스예요. 여기서 이런 얘기를 하면 빵 터지는데 그걸 못하는 거죠. 1, 2, 3, 4, 5, 6, 7, 8로 가야 하는데, 이박사는 갑자기 25를 툭 내뱉어요. 그러면 제가 편집하면서 다 잘라내죠. 이박사는 엘리트 부모님 밑에서 자라고, 어릴 때부터 피아노 치고, 바이올린을 켜고, 이러면서 좋은 학교 나온 친구거든요. 전형적으로 반듯하게 자란 친구잖아요. 그게 물론 좋은 점도 있죠. 하지만 창작을 하는 사람이 되기 위해서는 어느 정도는 자유방임 상태에서 자라나는 편이 좋다고 생각해요.

이이제이 시즌 2
가능할까?

지   이이제이를 하면서 가장 힘들었던 점은 무엇인가요?

이   시간 부족이죠. 제가 이이제이만 하는 것은 아니니까요. 다른 팟
캐스트도 4개나 하고, 종편도 두 군데 출연하고 있어요. 그리고 술도
마셔야 하잖아요.(웃음) 제가 하는 일이 굉장히 즐겁고, 보람차다고 했
지만, 그래도 요즘 인생의 낙은 모든 일정을 끝내고 술 한 잔 하는 것
입니다. 저는 취미, 이런 것이 없어요. 낚시도 아주 싫어하고, 여행도
싫어하고, 스포츠도 싫어합니다.

한 잔씩 하고 들어가면 아침에 쉽게 못 일어나는데요. 아침에 일어나
면 편집을 해야 하거든요. 제가 나가는 모든 팟캐스트를 직접 편집합
니다. 이이제이 같은 경우 편집에 시간이 많이 들어가는데, 대충 하게

되면 청취자들이 먼저 알아채거든요. 그럼에도 불구하고 이이제이, 안가 운영을 위해 다른 방송에 나갈 수밖에 없었어요. 직원들의 생계를 책임진다는 책임감도 있고요.

지 　안가의 계약이 내년까지 남아 있죠? 안가 유지가 쉽지 않을 것 같은데요.

이 　제가 뉴미디어를 만들 수 있는 회사를 하나 만들었어요. 출판도 하고, 팟캐스트 제작도 하고, 회사 이름이 미르예요. 박근혜보다 먼저 만들었어요.(웃음) 왜 미르라고 만들었냐 하면 제가 용띠고 이메일 주소가 mir로 시작해요. 우리 이사한테 회사 이름 하나 만들라고 했더니 미르를 갖고 왔어요. 어느 순간 미르 재단 사태가 터졌는데, 박근혜가 용띠여서 그랬다고 하잖아요. 사람 생각이 비슷한가 봐요.(웃음) 이이제이에서 근무하던 친구들은 그 회사로 넘어오는 거죠. 안가를 없애는 것은 아니고, 다른 방송을 여기서 녹음하니까 계속 안가를 활용해야 합니다. 조합이 해체되면 어떻게 할 것인가를 생각해서 준비한 거고요. 지금까지는 한 달에 조합비가 500만 원씩 들어왔거든요. 그게 들어와서 운영할 수 있었는데요. 조합이 해체되어서 그 돈이 안 들어오잖아요. 그게 문제예요. 어떻게 이걸 끌어나갈 것인가, 그렇다고 제가 직원들 허리띠를 졸라매라고 할 수는 없잖아요. 제가 이명박, 박근혜도 아니고, 그분들한테 주는 돈은 그대로 줘야 하니까요. 사실 우리 회사에서 일하는 직원들은 팟캐스트가 좋아서 같이 하는 것이지만, 저를 믿고 따라온 사람들이기 때문에 그 사람들의 생계를 책임지는 것은 제 의무이죠. 나랑 같이 일하는 사람들을 책임지지 못하면서 무슨 세상을 바꾼다고 이야기합니까?(웃음)

지 멋진 얘기네요. 정치에 뜻이 있어서 주변사람들을 지역적으로 안배하고 있다는 얘기가 있더라고요.(웃음)

이 우리 아내는 충청도, 호남은 어차피 우리 편이고, 고향은 경북 안동이고.(웃음)

지 포석을 쫙 깔아둔 거네요.(웃음) 시즌 2에 대한 생각은 0.1%도 없나요?

이 사람의 앞일은 모르죠. 지금 이 시점에 시즌 2는 없다고 한거고요. 앞에서 말씀드린 것처럼 하고 싶은 것들은 있어요. 삼성 특집 같은 것들, MB도 다루고 싶고, 묻혀진 독립운동가들을 더 발굴하고 싶어요. 만약 시즌 2로 돌아오면 유료화가 될지 몰라요. 아니, 이렇게 재미있다고 하는 콘텐츠를 당신들은 무료로 들으려고 그래?(웃음) 우리가 이렇게 열심히 만들었는데. 나꼼수는 팟캐스트를 한국에 처음 도입해서 활성화를 시켰고요. 그때는 정권 교체라는 대의가 있었고, 그래서 당연히 무료로 한건데요. 이제는 팟캐스트를 하면서도 먹고 살수 있어야 하잖아요. 팟캐스트는 당연히 무료라고 생각하니까 우리가그걸 깨서 유료로 한번 해보자, 우리를 따라서 사람들이 유료화 할 수 있지 않을까요? 남이 힘들게 만든 콘텐츠를 공짜를 듣는다는 것이 어폐가 있지 않나요?

지 강풀 작가가 처음 웹툰 유료화를 했을 때 난리가 났었잖아요. 지금은 그게 당연하게 받아들여지고 월 1000만 원 이상 버는 웹툰 작가도 많이 생겼고요.

이 일단은 제 생각이고, 편당 500원씩만 해도 얼마야, 이런 것인데, 100원이든, 500원이든, 1000원이든, 아주 저렴한 금액이라도 먼저 하는 것이 중요하다고 생각해요.

이름 없이 스러져간
독립운동가들을 위해

지   독립운동가 분들을 많이 다루면서 후손들 인터뷰도 하고, 만나
기도 하셨잖아요. 그분들이 어렵게 사시는 경우가 많기 때문에 사회
문제화 되기도 했는데요. 그런 농담 많이 하잖아요. 우리 할아버지께
서 친일을 해서 대대손손 잘 산다고.

이   사실 우리 할아버지가 독립운동을 했다는 것이 증명된 분들은
그나마 괜찮아요. 문제는 독립운동을 하셨는데, 모르는 사람들이 너
무 많아요. 이름없이 스러져간 분들이죠. 그런 분들을 찾는 것은 보훈
처에서 직접 나서야 합니다. 지금은 유가족이 우리 할아버지가 독립
운동을 하셨다는 증명 자료를 들고 와야 하거든요. 왜 그러냐고? 독립
운동을 했는데 후손이 끊어졌으면 그분들 명예회복을 발벗고 나서서

해주고, 혜택을 줘야죠. 우리가 전형적인 친일파 하판락 특집을 한 적이 있는데, 그런데 하판락한테 고문당하신 독립운동가가 계세요. 이광우 선생이라고. 이광우 선생의 아들을 우리가 접촉했어요. 아버지 얘기를 전화 인터뷰라도 하면 좋지 않겠냐고. 그런데 거절하시더라고요.

지　왜요?

이　하판락의 후손들이 아직도 사회에 영향을 끼치는 사람들이라는 거예요. 그래서 불이익을 당할 수 있다는 거죠. 제가 굉장히 충격을 받았어요. 우리가 독립을 한 지가 언젠데. 친일파 자손들은 교수도 하고, 검사도 하고, 의사도 하는데, 독립운동가 자손들이 그들의 눈치를 봐서 인터넷 방송에도 출연을 못한다? 너무 슬프잖아요. 나중에 방송이 되고, 녹음파일을 따로 보내드렸어요. 그랬더니 연락을 주셔서 고맙다는 인사를 따로 해주시더라고요. 그런 분들은 우리 같은 사람들이 찾아서 얘기해줘야 해요. 물론 정부는 따로 할 일이 있겠지요.

지　좌파 독립 운동가 중에 그런 분들이 많이 있잖아요.

이　월북한 독립 운동가들은 기록 자체가 없어요. 연좌제 때문에 스스로 없앤 분들도 있고요. 사실 우리 처가도 장인의 할아버지께서 좌파 독립운동가인데 월북하셨거든요. 그래서 우리 장인어른이 연좌제에 걸려서 사우디아라비아에 가실 때 굉장히 애를 먹었다고 하더라고요. 그런 일을 겪으면 투표할 때 1번으로 돌아서죠. 우리 장인은 저를 사위로 맞기 전까지는 무조건 1번만 찍었던 분이에요. 사위를 봤는데, 완전히 새빨간 놈이 들어와서.(웃음) 이제는 장인어른이나 장모님이나 우리 방송을 듣고 민주당으로 돌아섰지만요. 충분히 이해가 가죠. 월북한 할아버지의 독립운동 기록이 없다니까요. 모두 구전으로 내려오는 거죠. 다 불살랐다고 하더라고.

지 박정희 정권 때처럼 서슬 퍼런 시절이었다면 그러고도 남겠죠. 그리고 연좌제 없어진 지도 그리 오래 되지 않았고요.

이 연좌제가 법으로 없어졌다고 해도 정신적으로 남아 있는 겁니다.

역사의 즐거움은
디테일에 숨어 있다

지 이이제이는 한국 사회에 어떤 영향을 줬다고 생각하세요? 출연한 사람들 중에서 많은 사람이 국회의원에 당선되기도 했잖아요.

이 사실은 우리가 정치 방송이라고 할 수는 없잖아요. 역사 방송이지. 그런데 왜 많은 사람들이 이 방송을 듣고 투표 때 마음을 바꿨을까 하는 건데요. 결국 역사든 경제든 정치와 깊은 연관이 있다는 점 때문이겠죠. 사실 우리 방송에서는 전문가들을 불러서 경제 이야기를 많이 했어요. 김광수 소장, 홍종학 의원도 몇 번 출연했는데, 그 두 편의 다운로드 횟수가 굉장히 높았어요. 사람들이 경제는 어렵다고 생각하잖아요. 그럼에도 더 많은 관심을 받았던 것은 역사나 경제나 결국 배경에는 정치와 맞닿아 있기 때문입니다. 더 나아가 우리 일상생

활의 모든 것이 정치와 연관되어 있다는 의미가 담겨 있겠죠.

지　학교에서도 현대사를 비중 있게 다루지 않죠. 설민석 강사가 인기를 끌기도 하지만 현대사에 대한 관심은 낮은 편인데요. 사람들이 현대사에 관심을 갖게 하려면 어떻게 해야 할까요?

이　역사라는 것이 왜 중요하냐면 늘 되풀이되기 때문이에요. 현대사 중에서도 계속 되풀이되는 문제가 한두 가지가 아닙니다. 조선시대의 경우도 그렇고요. 그래서 역사가 중요한 겁니다. 과거를 알아야 미래를 본다, 역사를 아는 자는 무너지는 담장 아래 서지 않는다는 말이 다 그런 맥락 아니겠습니까?

설민석 강의에 왜 사람들이 열광을 합니까, 재미있게 하잖아요. 재밌게 해야 역사에 관심을 가진다고 하면 학교에서는 시청각 교재를 활용하자고 해요. 시청각 교재가 뭐가 재미있어요? 슬라이드 사진 몇 장 보여주면 재밌나요? 접근 자체가 달라야 합니다. 역사 책에 서술되어 있는 것 말고 이면의 이야기도 많이 발굴해서 들려줘야죠.

우리는 비하인드 스토리나 야사 같은 것을 정통 역사로 취급하지 않잖아요. 그러다보니까 역사 교육이 딱딱하고 재미없을 수밖에 없거든요. 문서뿐만 아니라 구술되고 구전된 기록도 역사가 될 수 있어요. 그런 것들을 확보해서 활용할 필요가 있고요. 그래서 아이들이 어릴 때부터 역사에 대해서 관심을 가지게 만드는 거죠. 현대사라고 하면 정치가 들어가고, 친일이나 반일이 들어가고, 친미와 반미가 들어가니까 애들한테 가르치면 안 된다고 하는데요. 오히려 그런 것이 더 재미있을 수도 있어요. 여러 가지 갈등관계 속에서 인간 군상들의 내면 심리가 더 잘 드러나기 마련이거든요. 그런 측면에서 삼국지는 흥미진진한 정치 교과서이죠.

지　처세서이기도 하고요.

이　정치라는 것이 그래요. 사람들이 왜 변절하는지, 왜 기회주의자가 되는지, 아니면 왜 순교를 하는지, 인간 군상의 심리를 잘 풀어내면 어린 아이들도 현대사를 재밌게 접할 수 있겠다는 생각이 들어요. 우리 팟캐스트에 이런 댓글이 올라오기도 해요. 옛날 국사를 이이제이처럼 배웠으면 진짜 잘했을 텐데.

지　언론도 자꾸 팩트를 강조하죠. 육하원칙 중에서 누가, 언제, 어디서, 무엇을 이런 것만 중요시하지, 왜, 어떻게 이런 부분에 대해서는 얘기를 잘 안 해주잖아요. 그런데 이이제이에서 그 궁금증을 시원하게 풀어주니까 역사적 인물의 특징과 사건의 전개상황이 입체적으로 보이는 것 같아요.

이　한 사건을 이야기하기 위해 수많은 이야기가 함께 나오죠. 그러다 보니까 등장인물이 많아지고, 같이 설명해줄 게 풍성하게 늘어나는 겁니다.

지　YS와 DJ가 기자들에게 돈봉투를 건넬 때 서로 다른 디테일들. DJ는 돌아서서 돈을 세어 주는데, YS는 지갑째 준다는 등.(웃음)

이　그게 두 사람을 표현하는 방법인데, 스타일의 차이를 확연하게 드러내주는 에피소드잖아요.

지　그런 것을 얘기하면 천박하다고 하는 게 문제죠.

이　그런 것을 넣어줌으로써 풍성하게 되는 거죠. 역사적 사실은 한 가지 밖에 없지만 거기에 대한 해석은 백 가지, 천 가지도 나올 수 있어요. 그런데 우리 교육은 역사적 사실은 이러니까, 결론은 이거야, 하면서 일방적으로 가르쳤어요. 사람들은 이이제이를 듣고 나서 '내가 배운 것과 다른데?'라고 얘기하는데요. 그게 서로 다를까요? 우리는 우리 나름대로 역사적 사실을 해석하는 것이고, 다른 사람은 다르게 해석하는 겁니다.

역사는 사실을 다투는 과학이 아니거든요. 해석의 여지가 다양한 학문이죠. 그리고 역사는 전공자만 전문가가 되는 게 아니에요. 누구든지 나름대로 해석할 수 있으니까. 제일 어처구니 없는 댓글이 그런 거예요. 이이제이는 전문가도 아니면서 떠들어댄다고. 역사에 전문가가 어디 있어요? 정치에 전문가가 있어요? 서울대 나온 이종우 박사가 지금의 내 역할을 하고 있으면 그런 말이 안 나왔을 거예요. 역시 서울대 나온 엘리트 박사라고 했을 텐데, 지방대 출신의 잡놈이 이 방송을 주도하고 있거든요. 그러다 보니까 그런 얘기가 나오는 측면도 있을 거예요.

지 이이제이를 하면서 이작가가 독재를 하지 않았으면 계속될 수 없었다는 이야기도 많이 하는데요. 맞는 부분도 있지만 캐릭터로 설정한 부분도 있는 건가요?

이 캐릭터죠. 사실은 5년 동안 했으니까 여러 가지 일이 있었죠. 초반에 의견이 갈릴 때가 많았는데요. 제 주장대로 했을 때 들어맞고 잘되더라 하는 것을 몇 번 겪으니까 자연스럽게 토론도 없고, 논란도 없게 된 겁니다.

이이제이가 인기를 끌고 1년 정도 지났을 때쯤 된 것 같은데요. 다들 저를 천재라고 하고, 어떻게 이런 것을 다 아느냐고 감탄했죠. 그때 정치 신동이라는 말도 나오고 그랬거든요. 그런데 어느 방송에서 제가 졸업한 학교가 밝혀진 거예요. 청주대학교 출신이라고. 그러니까 그 순간 댓글에 엄청난 욕이 달리더라고요. 그게 뭐야, 진보 진영을 지지한다는 사람들도 무의식중에 그런 게 팽배해 있어요. 어, 지방대 나왔어? 멍청한 거 아니야?

지 어쩌면 운동권 출신들이 가장 심할 수도 있죠. 학벌을 내세우는 것은.

이 김대중, 노무현을 지지해서 우리가 여기까지 왔는데요. 고졸 대통령 두 명을 만들어냈는데, 아직도 그게 있다는 것이 말이 되냐고요. 제가 방송할 때 농담 식으로 그래요. 우리 이이제이, 안가 직원들 중에 서울대도 있고, 고려대도 있고, 이화여대도 있다, 그런데 제 한 마

디에 찍소리 못한다, 그게 뭐가 중요해, 능력이 중요한 거지.(웃음)

지　고등학교만 나왔으면.

이　댓글에 그런 것도 있었어요. '차라리 고등학교만 나왔으면 인정한다', 그게 뭐야! 고졸 대통령이 나온 나라고 학벌이 있어야 성공한다는 것이 조금씩 깨지고 있잖아요. 사회를 한꺼번에 바꿀 수는 없는 거니까요. 가장 중요한 것은 사람들의 인식이거든요. 부모들이 자식들한테 '너 공부 못 하면 길거리에서 청소하는 사람 된다, 너는 좋은 대학 가야 돼, 나중에 커서 지방대학 갈래? 이렇게 윽박지른단 말이에요. 그런 말을 듣고 자란 아이들이 세상을 어떻게 바라보겠어요? 얼마 전 다큐멘터리에도 나왔지만, 서울대 내에서도 학생들이 편을 가른다고 하더라고요. 외고 출신이야? 좋아, 일반고야? 꺼져, 그런다고. 걔들이 만약에 커서 우리 사회를 이끌어간다고 하면 우리 사회가 어떻게 될까요? 부모들 인식부터 바꿔야 해요.

이박사
그리고 세작

지 　이박사와 세작에게 한 마디 해주시죠.

이 　사실 이박사와 세작한테는 빚진 게 많아요. 물론 그들은 나한테
휠씬 더 많은 것을 빚졌지만.(웃음) 이런 생각을 한 적이 있어요. 나도
정치적 감이 뛰어난 사람, 혹은 방송 센스가 있는 사람들이랑 같이 한
번 해보고 싶다는 생각을. 그런데 제가 그런 사람들과 하면 방송이 잘
안됐을 것 같아요. 이박사와 세작이 희생하면서 나를 띄워주는 역할
을 했던 것이고, 저의 독재에 사실 별 말없이 따라준 거니까요. 이런
점들은 상당히 고마운 것이죠. 방송에서 자기들을 드러내려고 할 수
도 있었는데, 그렇게 하지 않았고, 제가 요구한 콘셉트에 맞게끔 해줬
으니까요.

자신들 나름대로는 좀 답답한 게 많이 있었을 겁니다. 이박사와 세작도 원고 쓰고 자료조사 하는 데 참여하고 싶은 마음도 있었을 거고요. 아니면 주제 선정하는 데도 기여를 하고 싶었을 테고요. 그런 것을 처음에 몇 번 하다가 실패했죠. 제가 하는 것이 맞겠다 싶어서, 과부하가 걸려도 제가 했어요. 저는 방송이 어떻게 하면 재미있는지 알고 글을 쓰는 사람이기 때문에 당연히 두 사람보다는 대본을 잘 쓴 거죠. 안 그래요?(웃음) 끝까지 못간 것에 대해서는 굉장히 미안해요. 그나마 이박사는 복직이 결정되어 다행이에요. 이이제이 그만두기로 결정한 그 다음날 복직이 결정됐어요.

지 희한하네요. 첩보를 입수한 건가요?(웃음)

이 자기 직업으로 돌아간 거니까 걱정이 없고요. 아무래도 사람들이 세작을 걱정하던데, 자신의 앞날이니까 알아서 잘 개척해나갈 거예요. 그런 약속은 예전에 한 적이 있거든요. 나만 따라와라, 먹고 사는 것은 내가 책임을 지겠다, 그 약속은 제가 못 지킨 거죠. 우리 직원들은 제가 데리고 간다고 약속을 했어요. 세작은 함께하질 못하게 되었는데… 자신이 하고 싶어 하는 일이 있으니까요. 이박사는 복직이 결정됐으니까 그동안 못 받았던 월급도 다 받을 수 있고요.

지 목돈이 생긴 거네요.(웃음) 기간이 몇 년이죠?

이 1년 넘었던 것 같은데요. 잘린 데는 여러 가지 이유가 있겠죠. 이이제이를 했던 것도 이유가 됐을 것이고, 당시 상지대 사태가 터졌을 때 상지대 교수협의회 쪽에서 학교의 부당함을 알리기 위해서 우리 방송에 출연한 적도 있으니까요.

가장 큰 이유는 국정화 역사교과서 반대 성명서에 한국학연구원 출신인 이박사가 대표로 이름을 올렸어요. 가장 유명하다고. 이종우 외 40명으로 이름을 올렸던 것이 크게 작용하지 않았나 싶어요. 그 이후에 짤린 것을 통보 받았으니까요. 이박사는 이이제이 하면서 즐겁게 방송을 했지만, 이런 부당함에 대해서 하소연할 곳도 없고, 답답했을 거예요.

지 　이박사 같은 경우는 학계에 있으니까, 서로 케미는 괜찮았던 것 같아요. 세작은 빨갱이고, 이작가는 민주당, 이박사는 새누리당, 이렇게 서로 놀리기도 하고. 이이제이는 어떻게 만들어진 거죠?

이 　캐릭터도 사실은 처음에 그렇게 연구해서 하자고 시작한 거니까요. 방송은 그래요.

제가 쓴 첫 책이 워낙 성공을 했기 때문에 출판사에서 전업을 권유했어요. 1쇄 3000권, 2쇄 5000권을 찍었는데, 한 달 반만에 다 나갔어요. 출판사도 무명이고, 저는 무명작가잖아요. 그래서 무척 놀란 거예요. 그후 전업작가로 《와주테이의 박쥐들》을 냈어요. 그런데 500권 밖에 안 나갔어요. 그때 팟캐스트 나꼼수가 한참 인기 있었는데요. 저도 방송이라면 저 정도는 하겠다는 생각이 들더라고요.(웃음) 제가 자주 가는 커뮤니티가 있었는데, 거기서 팟캐스트를 같이 할 멤버를 찾았죠. 저는 거기서는 꽤 알려진 상태였어요.

지　구봉숙의 도시탈출?

이　그 사이트에 제가 '김영삼 대 김대중'을 연재했고 훗날 책으로 나온 거죠. 제가 게시판에 요청을 하면 잘 들어주고 댓글도 많이 달렸는데, 팟캐스트를 하면 잘 안 될 거라고 다들 그러더라고요. 그게 쉽습니까, 하고. 김어준은 말 잘하고, 정봉주는 국회의원을 했으니까 그만큼 된 거라고요. 그 당시 제가 서울에 친구가 없었기 때문에 커뮤니티에서 몇 명을 건져서 팟캐스트 멤버를 꾸리려 했죠. 다들 안 된다고 하니까 오기가 생기더라고. 이박사도 그 커뮤니티 출신이에요. 술자리에서 '다 반대하는데 세작과 이박사 둘이라도 와라', 이렇게 해서 시작한 거예요. 결국은 터졌잖아요. 안 된다고 하는 순간, 시작도 못하는 겁니다. 일단 해보고 안 되면 마는 거죠.

2장

정치 오타쿠의
정치 과외

2016. 02. 26

전쟁에서는 오직 한 번 죽지만
정치에서는 여러 번 죽는다.

윈스턴 처칠

유권자 중심의 정치,
그게 진짜 민주주의다

지승호(이하 지)   이작가는 정치가 뭐라고 생각해요?

이동형(이하 이)   정치라고 하는 것은 소위 위정자들만 하는 거라고 생각하잖아요.

지   사람들은 현실 정치 위주로 생각하죠.

이   소수 엘리트들만의 전유물로 인식하곤 하는데요. 우리가 그 사람들에게 정치를 하라고 위임한 상태죠. 대의민주주의니까요. 개개인이 정치와 상관이 없다고 생각할지도 모르겠지만 인간은 사회적 동물이기 때문에 사회적 활동 모든 것이 정치입니다. 사람과 사람의 관계도 크게 보면 정치의 일종이죠. 직장에서 상사와의 관계, 상사한테 잘 보이기 위한 것, 출세하기 위해서 하는 행동, 모두 정치잖아요. 친구들 사이에서도 정치적 행위를 하고요.

이런 일상 속의 정치 말고, 우리가 의식하고 있는 정치는 나랏일, 거기에 한정되어 있어요. 정치를 하는 사람들이 이제는 국민 개인의 목소리를 정말 무서워하는 시대가 왔기 때문에 위정자들도 자기 맘대로 못하는 거죠. 그만큼 정보 획득이 평등한 사회가 왔어요. 예전에는 위정자들이 무슨 일을 저질러도 모르잖아요. 국회에서 무슨 일이 일어났는지, 청와대 밀실에서 무슨 일이 벌어졌는지, 지금은 모두 공개되는 세상이잖아요. 앞으로 우리 정치가 조금 더 발전하려면 그런 정보들을 더 공개해야 해요. 지금 위안부 합의 문제도 있지만, 정보 공개를 하라고 판결까지 났는데도 외교부에서 불복해서 항고한 상태잖아요. 대통령이 7시간 동안 뭘 했는지 국민들이 밝히라고 하잖아요. 세월호 사건 당일에 대통령이 휴대전화로 지시했다고 해서 자료를 달라고 하니까, 전화통화 기록이 없대요. 대통령의 모든 것은 다 기록되어야 해요. 국민이 '당신 그때 뭐했냐?'고 하면 당연히 공개해야 하고요. 그렇게 해야 공인들이 나쁜 짓을 못합니다. 모든 것이 공개되어 있는데, 어떻게 나쁜 짓을 합니까?

지 대의정치라는 것이 한계가 있다 보니까 해외언론에서는 '한국 사람들은 열심히 시위를 하는데, 거기에 비해서 얻는 것이 적다'고 평가하잖아요.

이 　그러니까 선거 제도를 바꿔야 해요. 지금과 같은 선거제도로는 안 됩니다. TK 지역이나 강원도 지역에 새누리 간판을 달면 무조건 이기는 거잖아요. 호남에서는 민주당이 그렇고요. 그렇다고 해서 TK 에서 민주당을 안 찍는 게 아니잖아요. 51:49가 나와도 사표가 되는 겁니다. 49%의 민의는 전혀 반영되지 않습니다. 지금과 같은 소선거구제는 무조건 바꿔야 합니다. 비례를 많이 늘리고, 중대선거구로 바꿔도 괜찮고요. 그래야 대의제도라는 명분이 제대로 빛을 발하는 거죠.

지 　그런데 법을 바꾸는 사람들이 국회의원이다 보니까 자기들 이해관계가 엮여 있어서 바꾸기 어려운 거잖아요.

이 　그래서 저는 젊은 사람들이 정치에 많이 참여해야 한다고 생각해요. 지금은 정치의 장벽이 너무 높아요. 이번 20대 총선 같은 경우도 민주당에서 인재영입을 정말 잘했다고요. 성과도 좋았잖아요. 그런데 한번 보세요. 사회에서 다 성공한 사람들입니다. 그런 사람들만 인재라고 영입하는 거죠. 그러면 대학 졸업하자마자 정치를 하고 싶어서 정당에 들어간 사람들은 모두 배제되잖아요. 그런 것부터 바꿔야 합니다. 정당 공채제도 같은 것도 좀 넓혀야 하고요. 그 친구들한테 비례대표 몇 석을 의무적으로 준다든가, 그런 제도를 적극 활용해야 해요. 이번 20대 총선에는 19대에 있었던 청년비례대표 같은 것도 거의 유명무실화 되어버렸으니까요. 지금까지 기득권이 정치권에 들어가서 기득권을 안 놓으려고 하니까 선거구제 개편 같은 것이 안 되는 거예요. 기득권자가 아닌 사람들이 들어가서 자리를 잡을 수 있는 제도를 많이 마련해야 합니다.

지 기성정치인들에게 유권자들이 계속 압력을 가해야 하는 부분인데요.

이 이번에 새누리당에서 탄핵 반대를 표명한 의원들에게 유권자들이 계속 문자 폭탄을 보내고 그랬잖아요. 새누리당 의원들 입장에서는 굉장한 부담이 되었어요. 이것이 적극적인 민주주의의 참여인데, 계속 이런 식으로 바뀌면 선거 연령을 낮추는 문제라든가, 선거구제 개편 등에 대해 현재 기득권층에서 계속 기득권을 유지하기 어려울 거예요. 결국 국민들이 자기 목소리를 적극적으로 내야 하는 거죠.

지 정치인은 타고난 자질이 있어야 한다고 보세요?

이 저는 정치인의 DNA는 어느 정도는 타고나야 한다고 봅니다.

지 뻔뻔해야 하고요.(웃음)

이 훈련 받아서 길러지진 않아요. 안철수는 정치인의 DNA가 없다고 봐요. 지금까지 했던 것을 보면. 타이밍도 늘 놓치고, 이리저리 재기도 하고, 정치는 그렇게 하면 성공할 수 없거든요. 자기 이념과 사상을 가지고 국민들의 반대가 있어도 갈 수 있어야 해요. 안철수 의원은 그런 모습을 보여주지 못했죠.

지 　정치적 자질도 비전도 없는데 유명하단 이유로 정치에 뛰어든 경우가 많은데요.

이 　사회적으로 성공한 사람들을 영입하는 것은 어느 정도 이해되긴 해요. 어쨌든 정당은 선거에서 이겨야 하는데, 선거에서 이기려면 인지도가 일단 높아야 하거든요. 그런 점에서 우리 유권자도 좀 달라져야 합니다. TV에서 많이 본 사람, 어디서 성공한 사람들에게 일단 표를 주는 성향이 있거든요. 그보다 앞으로 이 사람이 뭘 할 수 있을지를 봐야죠. 아무런 정치적 비전도 보여주지 못하는 사람인데도 '어디서 이름 한번 들어본 것 같은데' 하고 찍어준단 말이에요. 그런 유권자 인식도 조금 바뀌어야죠.

우리는 지금까지 정치인은 욕해도 유권자 욕을 하면 안 된다고 생각했어요. 그래서 늘 위대한 국민 여러분, 존경하는 국민 여러분 하잖아요. 진짜 우리 국민이 위대할까요? 그래서 그렇게 위대한 국민들이 1987년에 노태우를 뽑아주고, 1992년에 김영삼을 찍고, 2007년에 이명박을 찍고, 2012년에 박근혜를 찍었을까요? 정치인은 자기가 잘못하면 선거에서 떨어진다거나 책임을 지잖아요. 그런데 국민들은 스스로 책임을 진 적이 없잖아요. 박근혜를 찍었기 때문에 국정농단이 벌어지고, 자기한테 후폭풍이 오잖아요. 박근혜를 안 찍은 사람들은 억울할 수도 있는 문제잖아요. 진짜 용감한 정치인이면 국민들에게 이러이러한 것이 잘못되었다고 이야기할 수 있는 용기가 필요합니다. 욕을 먹더라도. 그런데 그런 정치인이 안 보여요.

지   리더는 비전을 제시해야 하는데, 그런 정도의 정치인이 예선에 비해서 안 보인다는 얘기인가요?

이   야권 진영에서는 김대중, 노무현의 유산이 너무 많기 때문에 그런 말을 하기가 쉽지 않죠. 노무현 대통령의 '농부는 밭을 탓하지 않는다'는 말도 있었고. 저는 유권자에게도 과감히 말할 수 있는 정치인이 나왔으면 좋겠다고 생각해요. 밭이 나쁘면 나쁘다고 할 수 있어야죠.(웃음)

중도 보수는
신기루일 뿐이다

지 어차피 선거를 통한 정권 교체 밖에 방법이 없는데요. 민주당 정권이 그동안 선거에서 무능하다는 평가를 많이 받았잖아요. 기존의 실패에서도 잘 배우지 못했고요. 최근 선거에서는 대체로 MB나 박근혜의 실정과 무능으로 인한 반사이익을 얻는 측면이 있습니다. 야권이 예전 선거를 통해서 배운다면 어떤 것이 있을까요?

이 정당은 같은 이념을 가진 사람들이 모여 있는 집단이잖아요. 흔히 새누리당(자유한국당과 바른정당)을 보수라고 하고, 민주당을 진보라고 하는데요. 특히 선거 전에 보수 언론에서 씌우는 프레임을 굉장히 두려워 해요. 그러니까 진보 정당이 진보적인 색깔을 못내요. 프레임을 저렇게 덮어씌우면 어떻게 하지? 겁을 먹는단 말이에요. 자꾸 보이지 않는 중도 보수 편으로 손을 뻗으려고 합니다.

그런데 중도 보수는 신기루 같은 거예요. 잡히지 않는 거예요. 그런데 그걸 자꾸 잡으려고 하다 보니까 집토끼도 잃어버리는 역효과가 난단 말이죠. 일단은 그런 두려움부터 없애라, 보수 언론의 프레임 씌우기에 대해서. 국민들도, 특히 야권 지지자들은 정치에 대한 관심이 많기 때문에 그런 프레임 씌우기에 넘어가는 집단이 아닙니다. 예전에는 조중동으로 대표되는 보수 신문들이 선거의 어젠다를 결정하고 끄집어내서 그것으로 인해 선거의 결과가 뒤바뀌는 경우가 숱하게 있었지만, 이제는 안 그렇다니까요. 막말로 조선일보 유료 구독자가 얼마 될 것 같습니까? 끽해야 120만 명 아닙니까? 이이제이 다운로드 수가 200~400만입니다. 그런데 어떻게 그쪽 사람들이 결정한다는 말입니까?

아직도 민주당 사람들은 회의하기 전에 조중동부터 읽고 시작합니다. 일단 겁먹고 시작한다니까요. 그런 어젠다에 겁먹고, 우리가 이렇게 하면 선거에서 불리하니까 중도를 잡아야 한다고 생각하죠. 총선 투표율은 대체로 60%도 안 됩니다. 거기에 중도는 없어요. 어쨌든 전체 지형에서는 진보보다 보수적 유권자들이 약간 많아요. 늘 2번, 야권을 찍는 사람들이 20% 정도 있다고 치고요. 이 사람들은 무조건 2번만 찍습니다. 반대로 죽었다 깨어나도 보수, 1번만 찍는 사람이 30% 정도 있어요. 나머지는 그때그때 달라요. 1번 찍다가 2번 찍거나 아니면 투표를 안 하는 부류예요. 그럼 진보와 보수의 견고한 지지자를 합하면 50%잖아요. 그런데 총선 투표율은 60%가 안 돼요. 여기서 중도를 잡겠다고 하니까 선거에서 자꾸 지는 거죠.

20% 찍는 진보 지지자를 확실히 잡고, 그 다음에 정책과 인물을 알리고 발전시키며 퍼져나가야 하는데, 민주당은 그게 아니에요. 잡히지도 않는 것을 자꾸 먼저 잡으려고 노력하다보니까 안 되는 거예요.

물론 총선과 대선은 다릅니다. 대선은 80% 가까이 투표율이 나오니까 중도를 향한 구애를 할 필요도 있어요. 예를 들면 문재인 대표가 새정치민주연합 시절에 당 대표가 되어서 이승만, 박정희 묘소를 찾았잖아요. 그건 정말 쓸데없는 짓입니다. 오히려 야권 지지자들한테 실망을 안기고, 여권 지지자들한테는 아무런 표를 못 얻어요. 여권 지자자들이 문재인이 이승만, 박정희 묘소를 참배했다고 '아이고, 이제 문재인이 정신차렸네. 찍어줘야지' 하겠습니까? 물론 대선 직전에는 그런 퍼포먼스를 할 수도 있어요. 대선이기 때문에 야당 지지자들도 선거 앞두고 그럴 수도 있지, 할 수도 있고요. 여당 지지자들도 '이번에는 조금 바뀔라나' 그럴 수도 있어요. 대선에는 80% 가까이 투표를 하기 때문에 중도와 부동층 표심 잡기에 신경 써야죠.

그런데 평상시에, 또는 총선에서는 아무짝에도 쓸모없는데 그런 짓을 한단 말이에요. 말 나온 김에 선거 직전 혹은 당 대표 되고 나서 정치 원로나 전직 대통령 찾아가고, 어디 참배하는 것 좀 그만했으면 좋겠어요. 자기 정치를 해야지, 왜 자꾸 과거 회귀 정치를 합니까?

지　아직은 그게 동양적인 미덕이라고 생각하기 때문이 아닐까요? 이사를 하면 옆집에 인사를 하는 것처럼 내가 이런 자리에 올랐다고 정치 원로를 찾아가는 것을 싸가지의 문제로 보는 것 같아요. 그런데 별로 효과가 없단 얘기잖아요.

이　전혀 효과가 없죠.

지　그러면 중도층이라는 존재는 대선에는 약간의 영향을 끼칠 수는 있지만, 오히려 신기루에 가깝다?

이　총선에서는 거의 영향을 못 미칩니다. 총선에서 중도를 잡겠다는 얘기는 말이 안 되고요. 늘 2번 찍고, 늘 1번 찍는 사람들은 고정되어 있으니까. 총선 투표율이 70~80%까지 높아지면 모를까, 투표율이 낮은 곳에서는 중도를 잡는다는 얘기는 신기루 같은 거예요. 하지만 대선 때는 어떤 이슈에 따라 움직일 가능성이 높아요. 그러니까 일단은 대세론에 움직일 가능성이 있어요. 되는 사람 뽑아야지, 내가 찍었는데, 그 사람이 대통령이 됐어, 이런 걸로 움직이는 사람들이 중도예요.

중도층은 나한테 도움이 되는 공약이 있을까 살펴봐요. 예를 들어 노무현의 행정수도 이전 공약 같은 거죠. 충청도에서 중도 성향의 사람들은 '노무현이 되면 우리 지역이 발전하겠네'라고 생각해서 2번을 찍을 수 있죠. 그런데 '신공항을 부산에다 설치하겠다'고 하면 PK에서 1번만 찍던 우파들은 어떻게 될까요? 신공항을 부산에 추진한다고 해서 늘 1번 찍던 사람들이 '어, 신공항 들어오니까 2번 찍어야지' 하고 생각하겠어요? 그건 아니라는 얘기입니다. 투표는 이념에 관계된 것이기도 하기 때문에 무조건 찍는 사람들은 절대 변하지 않아요.

안희정의
딜레마

지　안희정 지사의 우클릭이 효과가 있을까요? 지지율이 20% 전후에서 오르락내리락하는데요.

이　그것은 조금 특이한 케이스인데, 지금 보수를 대표하는 정당에서 후보가 없어요. 전혀 안 보이죠. 대통령 권한대행 황교안 말고는 뚜렷한 주자가 없어요. 지금 시점에서는. 그러다보니까, 늘 1번을 찍던 사람들이 문재인은 차마 못 찍겠고, 민주당 쪽에서도 약간 보수 성향을 띠는 안희정에게 몰리는 겁니다.

어쨌든 안희정은 대통령 후보가 되려면 민주당 예선에서 이겨야 합니다. 그런데 예선에서는 절대로 좋은 성적이 나지 않아요. 우클릭을 하면 할수록 민주당 경선에서는 불리할 수밖에 없어요. 지금 안희정 지사의 지지율이 중도보수층 덕분에 2등으로 올라왔고, 문 후보를 위협하는 정도로 끌고 왔잖아요. 이렇게 되면 민주당 정통 지지 세력 중에서 안희정을 찍으려는 사람이 있겠습니까? 이러다가 정말 안희정이 될 수도 있겠다. 그러면 문재인으로 확 쏠릴 수 있습니다. 문재인과 안희정의 표는 어느 정도 겹치거든요. 친노의 정치 자산이기 때문에. 그런 의미에서 저는 이번 민주당 경선에서 이재명 시장이 2등을 할 확률이 높다고 봅니다. 중도층, 보수층을 포함한 전 국민을 상대로 하는 여론조사와 민주당을 지지하는 사람들 사이에서 하는 당내 경선은 다를 테니까요.

지　지금 안희정 지사의 전략은 딜레마에 빠진 거 아니에요? 우클릭이 민주당 내 경선에서는 불리하게 작용한다면. 안희정 지사 입장에서는 어떤 방법이 있을까요?

이　지금 안희정 지사 입장에서 쓸 카드가 별로 없어요. 민주당을 지지하는 사람들 안에서만 여론조사를 하면 문재인이 50~60% 가까이 나오거든요. 이걸 뒤집을 방법이 과연 뭘까, 네거티브를 할 수도 없어요. 네거티브를 하면 더 떨어져요. 박원순 시장, 이재명 시장이 문재인 네거티브를 하다 떨어지는 것을 봤기 때문에 안희정은 그렇게 못하죠. 그런데 이대로 그냥 가면 지는 거예요. 방법은 중도 보수를 잡아서 여론 조사에서 몸집을 키워서 그 바람을 당내 경선에 작용시키는 것이죠. 그게 유일한 방법이죠.

지　　그러면 안희정 지사로서는 지금 인지도를 높여서 차기를 노릴 수밖에 없는 건가요?

이　　이번 민주당 당내 경선에서는 정말 큰 이변이 없는 한 문재인이 이기겠죠. 2017년 12월에 대선이 있었다면 달라질 수도 있겠지만. 탄핵 국면에서 시간이 부족하고, 문재인이 다른 사람보다 오랫동안 준비했잖아요. 그 사이에 친노의 지분을 거의 다 빨아들였어요. 노무현을 좋아했던 사람들의 골수가 대부분 문재인으로 넘어갔습니다. 그렇기 때문에 안희정은 그것을 뒤집기 상당히 어려울 거예요.

지　　안희정 지사와 문재인 전 대표가 10% 정도 차이가 날 때도 있었는데요. 안희정 지사측은 단순하게 5%만 가져오면 이길 수 있는 것 아니냐고 얘기한 적도 있잖아요.

이　　안희정 지사가 중도 보수의 지지를 받으면서 덩치가 커져 버렸잖아요. 안희정의 골수 지지자들이 이러다가 진짜 안희정이 될 수도 있겠다고 했고, 안 지사가 계속 대연정을 얘기하고 그러잖아요. 그 공약을 그대로 실천하게 되면 민주당의 정체성은 뭐지? 이렇게 생각하면서 골수 지지자들이 헷갈리기 시작한다고요. 오히려 이런 사람들이 문재인한테 가는 거죠. 예전에는 어차피 내가 안희정을 찍어줘도 문재인이 되겠지, 이런 생각으로 지지한 분도 분명히 있을 거예요. 그런데 야권 지지자들은 다른 것보다도 적폐 청산, 지금까지 이명박, 박근혜 정부 10년 동안 잘못했던 것을 바로잡아주기를 바라는 마음이 훨씬 커요. 안희정이 만약 대연정을 하면 그게 안 될 거라고 생각한단 말이죠. 그 사람들이 안희정을 좋아해도 투표를 전략적으로 문재인한테 할 수도 있어요. 당내 경선에서.

지   경선을 하게 되면 지금 안희정 지사를 지지하는 사람들이 판단을 달리할 수도 있다는 거네요.

이   달리하죠. 지금 중도 보수층이 안희정 지사를 많이 지지해서 여론조사에서 올라갔는데요. 본선에 문재인이 올라가면 안희정을 지지했던 사람들의 표가 문재인한테 가느냐, 그건 아니에요. 우루루 다시 빠져 나가요. 투표를 안 하거나 혹은 자유한국당이나 제3의 정당으로 갈 수도 있죠. 왜냐하면 그 사람들은 문재인이 싫어서 안희정한테 온 거니까.

문재인의
딜레마

지   문재인 전 대표가 지지율도 높지만, 생각보다 반대하는 사람들도 많더라고요.

이   많아요.

지   실제 본선에 가면 그게 핸디캡이 될 수도 있잖아요.

이   정상적으로 대선이 치러지면 그게 핸디캡이 됩니다. 확장성 얘기가 그래서 계속 나온 거잖아요. 그런데 지금은 비정상적 상황에서 대선을 치르기 때문에 문제가 없어요. 문재인을 공격하는 것보다 무능한 박근혜 권력, 말도 안 되는 보수 집단이 10년간 저지른 부정부패에 질려버린 사람들이 많기 때문에 확장성은 별 문제가 되지 않을 거예요.

지   그간의 선거를 보면 대세론이 그대로 가는 경우보다는 요동치는 경우가 많았잖아요. 한번씩 지지율이 확 올라갔다가 어떤 계기로 훅 빠지기도 하고요. 이번에는 더 예측하기 어려운 것이 비정상적인 상황이고 선거가 압축적으로 치러지잖아요. 두 달 안에 승부를 내야 하는데요. 그 기간 동안 보수 진영에서 갖은 반칙과 에너지를 다 쏟아 붓는다면? 사실 문재인 전 대표가 상대방이 거칠게 나올 때 제대로 대응하지 못하는 측면들이 있었잖아요. NLL 같은 경우도 억울해하는 표정만 짓고, 단호하게 대처하지 못했습니다. 혹자들은 그걸 걱정하는데요. 정권이 바뀌면 감옥에 갈 사람들이 무슨 짓을 못하겠냐는 거죠. 나라가 망가져도 상관없다는 식의 반칙을 쓸 수도 있는데요. 거기에 문재인 전 대표가 적절하게 대응할 수 있을까요?

이   시간이 짧기 때문에 오히려 문재인 대표는 엄청나게 유리해졌죠. 저쪽에서 공작을 할 시간이 부족합니다. 이명박 정권 같은 경우 국정원, 기무대, 이런 것을 동원해서 꽤 오랫동안 작업을 벌였거든요. 그런데 지금은 선거기간이 짧아서 이것을 뒤바꿀 수 있는 시간이 부족해요. 양자대결 구도에서는 그 결과가 51:49가 될 확률이 높아요. 그런데 이번에는 1987년처럼 다자구도로 전개될 가능성이 높잖아요. 그러면 대세론을 내세운 후보가 훨씬 유리한 상황입니다. 구도 면에서도 문재인한테 유리하고 주어진 시간도 문재인한테 유리하죠. 또 하나는 이렇게 대세론이 굉장히 높아졌기 때문에 공작을 벌이는 팀에서 내부고발자가 분명히 나올 거예요. 자기 혼자라도 살아야겠다는 사람들이 나옵니다. 지난번 2012년 대선에서도 국정원 직원이 댓글 작업을 벌이고 있다는 정보가 어디서 나왔겠어요? 국정원 내부에서 나왔잖아요. 왜? 문재인이 이길 수도 있으니까. 이번에도 경찰이나 국정원이나 공공기관을 이용해서, 여당의 승리를 위해서 공작을 하면 분명히 내부고발자가 나와서 민주당에 붙을 겁니다. 사전 차단이 가능하다는 거죠.

지　그동안 그런 짓을 했다가 감옥 가는 모습을 봤기 때문에 쉽게 하지 못하는 측면도 있겠네요. 지금 상황에서 문재인 후보의 가장 큰 강점은 뭐라고 생각하세요?

이　도덕성이지요, 뭐. 2012년에도 검증을 한번 했던 것이니까. 사실은 이유 없이 문재인을 빨갱이라고 싫어하는 사람들도 문재인의 도덕성을 문제 삼지는 않거든요. 국가 지도자의 가장 중요한 것이 도덕성이죠. 그 도덕성을 무시하고 능력 보고 뽑아준 것이 MB였는데, MB가 실질적으로 5년 동안 보여준 게 없잖아요. 대선공약으로 747을 내세우며 국민소득 4만달러 시대를 열겠다고 했지만 허구였죠. 주식시장, 부동산시장도 제대로 움직이지 않았고요. 문재인은 도덕성만큼은 흠잡을 데 없는데, 도덕성 하나만으로 대통령이 될 수 없는 노릇 아닌가요? 아까 말씀하신 것처럼 불의에 대해서 단호하게 맞서는 모습, 지난번 NLL 문제도 그렇고, 국가기록물 문제도 그렇고 좀 답답한 측면이 있었죠. 새정치연합 당대표 시절에 자기를 흔드는 사람들이 있었는데, 그때도 단호하게 대처를 못했고요. 그런 카리스마 부족에 대해서는 문 전 대표가 보완해야 합니다. 본인이 안 되면 참모들을 통해서라도.

지 예전에 타 후보들에 대한 지지자들의 공격을 '나한테 도움이 안 된다'고 막았었는데, 그 뒤로 말을 뒤집었잖아요. '정치지도자는 그런 공격을 견딜 필요가 있다'고 했습니다. 그것도 지지자들한테 끌려가는 듯한 느낌을 주는데요. 아이돌 오빠들도 자기 팬들이 과격하게 하면 '고맙지만, 오빠 얼굴에 먹칠을 하는 거야'라고 할 수 있어야지, '나 좋아서 하는 사람들인데, 내가 어떻게 뭐라고 해'라는 태도는 무책임하게 느껴질 수 있잖아요.

이 그렇게 하기 때문에 문 대표가 그걸 즐기고 있다는 얘기도 나오잖아요. 저도 그런 이야기를 들었는데, 민주당 비주류나 비문 의원들에게 들은 게 아니에요. 물론 그들의 개인적 추측이겠지만… 그래서 문 대표는 자기가 '선플 운동을 합시다', 혹은 '내가 할 수 있는 것이 없다'고 하거나, 페이스북에 쓰는 정도에서 그쳐서는 안 된다니까요. 진짜 강하게 말할 필요가 있어요. 나를 정말 위한다면 이렇게 하면 안 된다고. 그리고 이번 대통령 선거만 중요한 것이 아니지 않느냐, 5년 후에, 10년 후에 또 이겨야 되지 않느냐, 우리 후보를 우리가 보호해 줘야 한다고 강하게 얘기해야 해요. '걔들은 우리 말도 안 들어요' 이런 식으로 나오면 오해를 살 수밖에.

지　지금이야 워낙에 유리한 상황이지만, 불씨가 될 수도 있는 거잖아요. 지지자들이 다른 사람들의 등을 돌리게 하고, 투표장에 안 나가겠다는 사람들이 늘어나면 안 되잖아요.

이　그게 독단과 독선을 부릅니다. 내가 지지하는 후보만 옳고 내가 지지하는 후보가 절대 선이라는 거잖아요. 그게 오히려 역효과를 낼 수 있어요. 온라인에서 그런 행태를 지지자들이 보여주고 있으니까요. 절대 문재인한테 도움이 안 되는 거죠. 자정 작용이 있어야 합니다. 무조건 우리만 옳다고 하고, 우리 이외의 사람들은 다 나쁜 놈으로 만들어버리면 안 돼요. 그럼 도대체 누구랑 정치를 하겠다는 거예요?

물론 이해할 수 있죠. 노무현 대통령이 그렇게 당했고, 문재인 대표가 당 대표 시절에 비주류로부터 엄청난 공격을 받았기 때문에 우리가 이 사람을 보호해야 한다, 우리가 아니면 믿을 사람이 없다는 식으로. 하지만 그 사람들이 결국 국민의당으로 가버렸잖아요. 그런 마음에서 우리라도 나서자고 하는 것을 충분히 이해하는데요. 지나친 감이 없지 않아 있죠.

지난번 전당대회 볼까요? 문재인이 대통령이 되기 위해서는 친문계 의원이 싹쓸이 하는 것은 좋지 않아요. 그런데 그때 싹쓸이를 했죠. 비주류 사람들이 거기에 대해서 조금만 비판을 해도 친문 지지자들이 난리를 쳤거든요. 예를 들면 은수미 의원 같은 경우에 유은혜 의원을 지지했어요. 여성위원장 후보로, 그런데 유은혜는 친문계가 아니잖아요. 그때 여성위원장으로 양향자가 됐는데, 원래 민주당 경선 룰을 보면 지역위원장이나 현역 의원은 특정 후보를 지지하지 못하게 되어 있어요. 그런데 은수미가 지역위원장인데, 유은혜를 지지했기 때문에 반칙이라고 하면서 은수미를 짓밟았거든요. 왜 짓밟았다고 표현했냐 하면 은수미 본인이 안기부에서 고문 받을 때보다 더 심하게 당한 느낌이라고 자기 입으로 말했어요.

그런데 문재인 지지자들은 은수미 의원이 반칙을 했으니까 그런 거라고 얘기했습니다. 똑같은 논리로 보면 그때 진성준과 최민희도 지역위원장이었고, 진성준, 최민희는 방송에서 특정 후보를 지지했어요. 혹은 SNS로. 그런데 이 사람들한테는 아무 말도 안 해요. 왜냐하면 친문을 지지했으니까. 늘 이런 식입니다.

경북도당 위원장 선거 때도 그래요. 김현권, 오중기 후보가 나갔는데요. 오중기는 친문이고, 김현권은 비문입니다. 그런데 오중기가 돈 봉투를 돌렸습니다. 그걸 김현권이 폭로했는데, 욕은 폭로한 김현권이 먹었어요. 관례인데 왜 그러냐는 거였죠. 이런 식으로 하면 안 되는 거죠. 그때 같은 이유로 오창석, 손혜원, 정청래도 욕을 먹었죠. 다 똑같은 이유거든요. 친문을 지지하지 않았다는. 정청래 같은 경우는 자기가 당 대표에 나오려고 했다는 이유였죠. 친문이 추미애를 이미 찍어놨는데 니가 왜 나와? 이거죠. 이재명이 맨 처음에 욕을 얻어먹은 것도 같아요. 어쩌면 이게 언론에서 말하는, 비주류에서 말하는 친문 싹쓸이겠죠.

지　다른 당이나 후보들이 공격하는 '친문패권'이라는 말에 대해서는 어떻게 생각해요?

이　사실 저는 민주당 내에 친문패권이 없다고 보거든요. 당대표가 비서실장도 자기 사람을 임명하지 못했는데 그게 무슨 패권입니까? 그런데 지지자들이 이런 식으로 하면 할 말이 없는 겁니다. 우리 외에 사람들은 다 나쁜 놈 만들어버리면.

지　예전에 YS가 3당합당 이후 민주계를 오히려 공천학살을 한 적이 있잖아요. 자기는 대통령 후보를 하고, 민정계한테 당권을 주면서 자기 사람으로 만든 건데요. 논리는 이렇습니다. '이러면 우리가 당신을 따라온 이유가 없지 않냐?'고 할 때 '내가 대통령이 되어야 너희들도 역할이 생기지 않겠냐, 내가 대통령이 되는 게 우선이지, 너희가 국회의원이 되는 게 먼저냐?'고 눌렀잖아요.

이　사실 새누리당이 그렇게 싸우다가도 결정적 순간에는 합쳤잖아요. 박근혜, 이명박이 얼마나 세게 붙었어요. 그런데 박근혜 집단이 승복하고 이명박을 싹 밀어주잖아요. 결국은 집권을 하면 뭔가 보답을 하거든, 우리를 위해 애썼으니까. 그런데 민주 진영은 그게 없어요. '열심히 했어. 고마워' 그러고 끝입니다. 그러니까 누가 열심히 하겠어요? 물론 그것을 위해서 한 것은 아니지만, 어느 정도의 보답은 해야지요. 열심히 한 사람들한테.

지　운동 경기를 할 때도 시간이 꽤 남았는데, 자꾸 방어만 하다보면 역공을 당하잖아요. 상대방이 미친 척하고 3점 슛을 던지면서 무리한 공격을 해서 그게 몇 개 먹히면 판세가 요동칠 수도 있잖아요.

이　오히려 공격적으로 나갈 필요가 있어요. 지금 너무 몸조심을 하는데요. 물론 1등 후보는 현재 시점의 구도를 꾸준히 유지하는 게 가장 좋죠. 그렇기 때문에 뭔가 흔들리는 것을 싫어해서 그럴 수도 있지만, 너무 몸조심하다가 역풍을 맞을 수도 있지요.

내부전쟁 :
안희정, 이재명, 박원순을 지켜라

지 　노무현 대통령은 장인어른의 좌익 활동 문제가 불거지자 '그러면 아내를 버려야 합니까?'라고 받아쳤잖아요. 그러니까 사람들은 '그래, 치사한 공격이네'라고 생각하는데, 지금 그렇게 맞받아치는 캐릭터는 이재명 시장이잖아요. 문재인 전 대표는 공격을 받으면 변명하고, 끌려 다니는 인상이고요. 사람들은 대개 두 사람이 싸우면 '둘 다 문제가 있으니까 싸우겠지' 하고 생각해버리죠. 그리고 싸움의 내용을 깊숙이 알려고 하진 않아요. 내용을 따라가기 어렵기도 하고요.

이 　그게 아까 말한 정치인의 DNA거든요. 노무현은 승부사 기질이 있었어요. 정치인의 DNA를 타고난 거죠. 문 대표는 사실 정치인의 DNA를 많이 가지고 있다고는 볼 수 없어요. 노무현이 '그러면 제가 아내를 버려야 합니까'라고 맞받아치는 것은 트레이닝으로 습득되지 않아요. 바로 튀어나와야죠. 그런 면에서 아쉬움이 있는데, 그건 참모진이 나서서 보완할 필요가 있어요.

그런데 과연 문 대표 곁을 지키고 있는 사람들이 그런 능력이 있는지 의심스러워요. 보수언론으로부터 집중적으로 공격받았을 때 제대로 대처한 적이 별로 없거든요. 지지자들 덕분에 문재인이 있는 것이지, 보좌진이 제대로 해서 지금의 문재인이 있다고 보기는 어려워요. 그러면 보좌하는 사람을 바꾸는 노력을 생각해봐야지요. 그런데 문재인 대표 스타일상 그게 안 되거든요. 그게 장점이자, 단점일 수도 있어요. 노무현 대통령 같은 경우는 2002년 선거를 치를 때 과거부터 자신을 보좌했던 사람들도 있었지만, 완전히 새롭게 판을 짜서 사람들을 꾸렸거든요. 그런 모습이 문 대표한테는 안 보이는 것 같아요. 지금까지 문재인을 보좌진들이 잘 보좌해서 1위를 달렸나요? 1~2년 전만 해도 여론조사를 하면 박원순 시장이 1위였어요. 문재인은 지난번 대통령 후보였고, 당대표까지 했었는데, 1위를 못했다는 것은 문제가 있습니다. 만일 지금 같은 탄핵 국면, 국정 농단 사태가 불거지지 않았다면 과연 문 대표가 지금처럼 민주당 지지자들 사이에서 50~60%의 지지를 얻을 수 있었을까? 어려웠겠죠. 그렇게 생각한다면 보좌진도 새 판을 짤 필요가 있어요.

지   도덕적이지 않은 대통령들을 두 번이나 봐 왔기 때문에 그 점에서 문재인이 가장 유리한 지점에 있는 건 분명한데요. 과연 문재인이 잘해낼 수 있을까요? 정치적 DNA도 있어야 하고, 비전을 제시하고 전투력을 보여줘야 하잖아요. 대통령이 된 후 정치적인 적들을 적당히 누르고, 말 그대로 정치를 잘해낼 수 있을까요? 또 안희정 지사나 이재명 시장은 살림을 꾸려본 경험이 있잖아요. 사퇴한 박원순 시장도 그렇고요. 문재인 전 대표는 살림을 꾸려본 적이 없다는 핸디캡이 있습니다.

이 지적할 수 있는 부분이죠. 그러나 아까도 말씀드렸지만, 이번 선거판은 문재인이 무조건 이기는 선거예요. 이번에 지면 문재인은 그냥 역사의 죄인이 되는 겁니다. 오히려 문재인이나 민주당은 조금 멀리 내다볼 필요가 있어요. 이번 집권이 중요한 것이 아니라니까요. 5년 안에 모든 적폐를 청산하고, 망가진 외교와 경제를 되살리기는 쉽지 않을 거예요. 5년 안에 그것이 어떻게 가능합니까? 문재인 대표는 발판만 닦는다고 생각하고, 우리 사람들을 자꾸 키워야 합니다. 그런데 박원순이 나중에 부활할 수 있을까요? 박원순이 이렇게 망가졌는데, 이번 과정을 통해서. 이재명 시장이 다시 일어날 수 있을까요? 일베나 새누리당이 공격했던 것을 가지고, 우리 지지자들이 이재명을 공격해버렸잖아요. 안희정 같은 경우도 그렇고. 인물을 키우는 것이 쉽지 않거든요. 커진 인물들을 죽여버리면 안 되죠.

지 수십 년 키운 인물을 정말 한번에 보낼 수도 있는 거잖아요.

이   이번 선거는 여러 가지 측면에서 문재인한테 엄청 유리한건데요. 다자구도와 함께 유리한 것이 주기라는 측면에서 그래요. 민주정권 10년 후 여러 가지 문제점도 있고, 사람들이 또 피곤함도 느끼고 하다보니까 보수를 선택했죠. 그런데 보수정권 10년을 겪다보니까 '이거 안 되겠다'고 해서 다시 바꾸는 건데요. 이번 선거는 이런 주기와 맞아떨어지는 겁니다.

그리고 지금 정치권 돌아가는 상황을 보면, 대선 이후 개헌 이야기가 나올 수밖에 없거든요. 100% 개헌 이야기가 나오고, 개헌으로 갈 겁니다. 어떤 개헌인지는 논의를 해봐야겠지만, 국민여론이 가장 중요하잖아요. 최종 결정은 국민투표에서 이루어지니까요. 그런데 국민들이 선호하는 것은 내각제나 이원집정부제가 아니라 대통령제예요. 지금 왜 개헌을 하려고 하느냐 하면 대통령제의 폐해를 우리가 너무 많이 봤기 때문이잖아요. 그러면 미국처럼 4년 중임으로 갈 확률이 굉장히 높습니다. 우리 국민들은 내 손으로 대통령을 뽑고 싶어 하거든요. 4년 중임제로 간다면 문재인 5년 이후는 잘하면 8년을 할 수 있는 거예요. 13년을 집권할 수 있는 겁니다. 민주당은 그때를 생각하고 대비해야죠.

지   즉 문재인이 대통령으로 선출될 가능성이 높지만, 지속적으로 사회를 개혁해나가기 위해서는 잠재적 대선주자들을 키워야 하니까 자신 이외의 상대방을 공격하는 태도로는 곤란하다는 거잖아요.

이　집권해도 마찬가지예요. 문재인 정부가 잘못한 것이 분명히 있을 수 있죠. 그럴 때 평론가들이나 언론이 지지자들을 무서워해서 비판을 못한다니까요. 비판이 없는 사회, 감시가 없는 사회는 곧 죽은 사회입니다.

지　그들이 워낙 말발도 좋고 하니까, 더 공격적으로 나올 수도 있죠. 오죽하면 은수미 의원이 그런 말을 했겠어요. (웃음)

이　저는 은수미가 당론으로 정해진 것을 어겼다고 하더라도 충분히 할 수 있는 말을 했다고 보거든요. 은수미는 평생을 노동운동에 헌신한 사람이잖아요. 그런데 양향자는 삼성에 있던 사람이고. 은수미랑 같이 있던 자리에서 질문을 받았는데, 삼성 무노조에 대해서 어떻게 생각하느냐, 양향자는 나는 무노조가 아니고, 비노조라고 생각한다, 은수미가 그런 얘기를 듣고 어떻게 생각하겠어요? 본인 입장에서는 유은혜를 지지할 수 있는 겁니다. 반칙했다고 비난하는 것은 좋아요. 하지만 은수미의 삶 자체를 두고 욕설을 해서는 안 되는 거예요. 박원순이 문재인한테 네거티브를 했는데, 박원순이 잘못한 것은 맞죠. 같은 당 후보인데, 그런데 그걸 가지고, 박원순의 행정력까지 폄하해서는 안 되잖아요. 원래 무능했다고 하면 안 돼요. 시민운동 할 때부터 한자리 하려고 했다? 이제 본 모습을 보인다? 이렇게 공격하면 안 됩니다. 그게 과연 야당 지지자입니까? 이 사람들은 정권 교체가 목적이 아니고, 내가 지지하는 후보로의 정권 교체만 요구하는 꼴이지요.

지 일부라고 해도 너무 거칠게 공격하니까요. 이상호 기자가 문재인 전 대표가 삼성 특검을 막았다는 의혹을 제기했을 때도 장난이 아니었잖아요. 이상호의 문제 제기가 가끔 거칠고, 소영웅주의로 느껴질 때도 있었지만, 대한민국의 거악과 싸우기 위해서 평생을 바친 기자잖아요. 이런 사람을 쓰레기 취급하면.

이 누구랑 같이 정치를 하겠다는 거냐고요. 문 대표가 이상호 사태를 몰랐을까요? 몰랐다고 해도 문제죠. 알았다고 봐요. 알았으면 자기 지지자들을 향해서 한마디 할 수 있는 거잖아요. 그러면 문재인한테도 좋아요. 역시 대인배라는 소리가 나올 테니까. 그런데 말을 안 하잖아요. 이재명이 그런 것으로 공격 당했을 때 한마디 할 수 있는 것 아닌가요? 어차피 자기가 압도적으로 앞서고 있는 상황인데. 적의 손을 잡을 수 있는 것이 정치 아닌가요? 오로지 내 사람만 가지고 어떻게 정치를 하냐고요. 그동안 정권 교체를 위해서 노력했던 사람들을 자기와 좀 다른 주장을 한다고 배제하면 누구랑 정치를 해요? 은수미와 이상호가 정권 교체를 위해서 2012년부터, 아니 그전부터 쭉 노력한 사람들이잖아요. 그런 사람을 배제하면 안 됩니다. 안타까워요. 지지자들 사이에서 팬덤은 당연히 형성될 수 있죠. 그런데 정치에 대한 팬덤을 아이돌 팬덤처럼 하면 안 됩니다. 그렇게 해서 더 나은 민주주의를 만들어갈 수 있겠습니까?

정치인 팬덤의 진화 :
문팬 VS 손가혁 VS 아나요

지 저는 아이돌 팬들보다 못하다고 생각하는 부분이 있어요. 팬들이 촬영장에 가서 '우리 오빠 좀 잘 찍어주세요' 하고 모든 스태프들한테 도시락을 돌린다든지 하면 한번이라도 신경을 써줄 거고요. 옛날처럼 다른 오빠 그룹을 공격하거나, 다른 팬들을 공격하는 행위도 '오히려 이게 우리 오빠를 욕먹이는 짓이야'라고 하면서 자기 오빠의 이름으로 기부하는 행위들을 하잖아요.

이 아이돌에 대한 문화, 그러니까 연예인, 가수에 대해서 열광하는 것이 꽤 오래전부터 있었잖아요. 이제 팬들이 성숙한 거죠. 그런데 정치인에 대한 팬덤은 상대적으로 오래 되지 않았어요. 김대중, 김영삼에 대한 열광은 팬덤이라고 할 수 없었잖아요. 이념과 가치 지향적으로 응원을 했던 것이고. 팬덤은 노무현 때부터 시작된 겁니다. 20년도 안 된 거예요. 그러니까 아이돌 팬덤보다 덜 성숙한 거죠. 정치인 팬덤은 더 멋지고 성숙해질 필요가 있어요.

지   시간이 지나면 자연스럽게 성숙해질 수 있겠네요. 그런데 정치 행위는 지면 상처를 받고, 탄압을 받는 측면이 있잖아요. 감옥을 가거나 심지어 누가 죽기도 하고, 그런 모습을 보기 때문에 한이 맺혀요. 반대로 내가 하는 것은 한풀이고, 정당하다고 생각하죠.

이   우리 정치가 승자독식 게임이어서 그래요. 이긴 놈이 모든 것을 가져가고 진 사람은 아무 것도 없어요. 1%만 져도.

지   단 한 표만 져도.

이   이긴 사람이 모든 전리품을 챙기니까, 수단방법 가리지 않고 이겨야 하는 거예요. 그렇게 되니까 팬덤도 그런 방향으로 휩쓸려가는 거죠. 그리고 지금 우리가 문제인 팬의 공격적인 모습들을 얘기했는데, 그건 가장 인기를 많이 얻고 있으니까 일어나는 자연스러운 현상이에요. 이재명 팬들도 손가혁 같은 것 만들어서 똑같이 대응하잖아요. 손가혁이라고 문제가 없겠습니까? 안희정 팬들은 안 그러나요? 안희정을 아시나요를 줄여서 '아나요'라고 하던데. 상대방을 이기려면 똑같이 해야 한다고 생각하는 거죠.

지 그게 악화가 양화를 구축하는 거죠.

이 이번 경선 국면에 접어들고 나서, 제가 이재명을 지지한다고 사람들은 단정지어놓고 저의 모든 발언을 문제 삼고 욕하잖아요. 그리고 문성근 선배, 김용민, 김갑수 씨까지 '그런 이유로 이동형을 공격하는 것은 옳지 않다'고 했다가 엄청 공격을 받았어요. 다른 이유는 없어요. 저는 그 사람들이 저를 욕하는 표현을 보고 깜짝 놀랐어요. 문성근, 김갑수 씨 같은 경우는 진짜 모든 것을 바쳐서 정권 교체를 위해서 노력한 사람들인데요. 모든 것을 부정해버리더라고. 심지어 문성근은 친노 핵심 아니에요? 그저 이동형을 욕하면 안 된다고 했다고 그렇게 공격받는 모습을 보고, 이건 좀 지나친 것이 아닌가, 하는 생각이 들었어요.

저의 발언은 한결 같았어요. 5년 내내 저는 반새누리 입장이었거든요. 당장 지금 2017년 선거만 중요한 것이 아니니까, 이재명이나 박원순이나 안희정을 너무 공격하지 마라, 비판은 하더라도 비난하면 안 된다, 그 말을 했다고 '너는 반문재인' 이렇게 되면 나중에 누구랑 정치를 같이 할 거예요? 옆에 있어준 사람들을 다 쳐내버리는 겁니다. 사람이다 보니까 그런 글들을 보면 마음이 상할 수밖에 없어요. 그렇게 되다 보면 진짜 문재인이 미워질 수도 있는 겁니다. 비문 의원들, 김한정, 김현미 이런 사람들도 엄청 공격당했거든요. 그 사람들이 나중에 전폭적으로 문재인을 지지할 수 있을까요? 사람이라 감정의 상처를 입으면 쉽지 않다니까요. 그렇게 공격당하다 보면.

지 참여정부 때도 겪은 일이잖아요. 내부 경선에서 싸우다보면 마음 상해서 차마 한나라당을 찍을 수는 없으니 투표장에 안 가는 사람들이 있었잖아요.

이 많은 새정치민주연합 의원들이 국민의당으로 넘어갔잖아요. 그 사람들은 정체성이 맞지 않아 다른 당으로 떠났으니까 문제 삼을 필요가 없어요. 그런데 지금 같은 경우에는 조금만 마음에 안 맞으면 나가라고 해요. 이재명도 나가고, 안희정도 나가라고 해요. 우리는 대가리 수가 없으면 제대로 된 행정을 꾸릴 수가 없는 시스템입니다. 다 내보내고 나면 어떻게 할 겁니까? DJ 때는 대통령 당선되고 나서 한나라당 사람들을 데리고 왔잖아요. 그렇게 몸집 불리기를 했잖아요. 그래야 뭐라도 할 수 있으니까. 이번에 정권 교체를 해도 여소야대인데, 있는 사람들마저 나가라고 하는 것이 말이 되냐고요. 이번에 개헌파 모임 30여 명도 다 나가라고 하는데, 그건 옳지 않아요.

지 지금은 지지율 격차를 너무 많이 벌여놨다고 생각할 수도 있는데요. 역사를 보면 낙관적으로 생각하다가 일이 잘못된 경우가 많았잖아요. 80년 서울의 봄 때도 그렇고, 87년 단일화를 못한 것도 그렇고요. 최근만 봐도 선거의 여왕이라던 박근혜 대통령이 오만해서 선거에서 실패한 거잖아요. 보수들도 선거에 지지 않기 위해서 여러 가지 일을 벌일 텐데, 그걸 대비해야 하지 않을까요?

이 역대 선거마다 불리한 상황에서 싸워왔는데, 지금 상황에서 민주당 쪽, 혹은 문재인 쪽에서 저쪽의 행동에 대해 나름의 준비를 한다는 것은 불가능하다고 봐요. 다만 문 대표가 조금 더 강한 발언, 공세적인 모습을 보여줘야 해요. 지금 같은 경우에는 문 대표가 무슨 말만 하면 국민의당을 비롯해서 자유한국당, 보수언론에서 공격하고 그러면 다시 해명하는 패턴이거든요. 한마디 하면 공격을 당하고, 해명하는 것이 아니라, 먼저 좀 치고 나가는 것이 필요해요. 그런데 지금은 그게 아니고, 해명에 그치거든요.

지 어차피 우리가 이길 텐데 흥행이 되게 좀 더 찔러줘, 이렇게 해야 하잖아요.(웃음) 자기들도 마음속에 조급함이 있단 얘기거든요.

이 조급함도 있고, 불안감도 있고, 과거에 당했던 기억도 있을 거예요. 2002년에 노무현이 대통령 후보로 결정됐는데, 나중에 후보를 바꾸자고 흔들었잖아요. 2012년에도 문재인이 후보가 됐는데, 안철수로 바꾸자는 얘기가 나왔고요. 그런 걱정이 드는 거예요. 아예 안 흔들리게 우리가 잡아주겠다는 거죠. 우리가 문재인을 지켜주겠다는 겁니다. 흔드는 사람이 있으면 '나와 봐. 우리가 박살내줄게' 이런 태도거든요. 그 심정 충분히 이해해요.

지 당하는 측면에서 보면 상처가 남는 거죠.

이 그렇죠.

지　국민의당이나 안철수 쪽도 다 끝났다고 생각하지는 않을 거잖아요. 다자구도가 되면 합종연횡에 따라서 판세가 움직일 수도 있어요. 그쪽에서는 어떤 방법이 있을까요? 새누리당에서 나온 바른정당 사람들과 뭔가를 모색할 수도 있고.

이　선거판에서 합종연횡, 이합집산은 당연히 있는 겁니다. 정당이라는 것이 선거에서 이기기 위해서 존재하는데, 이기기 위해서 모든 수단을 동원하는 것을 가지고 뭐라고 할 수 있나요? 그것은 국민들이 판단할 거예요. 국민의당 같은 경우에 손학규가 들어가긴 했지만, 경선이든 뭐든 안철수를 이길 확률은 거의 없다고 보고요. 안철수가 문재인을 이길 방법은 1:1 구도 밖에 없어요. 지금의 구도로는 무조건 지게 되어 있거든요. 안철수는 1:1 구도를 만들기 위해서 상당히 노력할 겁니다. 본인 입으로는 나는 바른정당과 손을 안 잡는다고 해도 물밑에서는 분명히 접촉이 있을 겁니다. 국민의당의 지지 기반이 호남이기 때문에 자유한국당과 손을 못 잡더라도 바른정당과는 충분히 이합집산을 할 수 있겠죠.

바른정당에서도 남경필, 유승민이 2%씩 밖에 안 나오잖아요. 정당의 존재가치가 사라지고 있거든요. 그래서 김무성의 재등판론도 나오고 있는 거고요. 그러다보면 우리가 살 길은 몸집을 키우는 것이 아닌가, 하는 이유로 합칠 수 있죠. 자유한국당 같은 경우도 마땅한 후보가 나타나지 않으면 마지막에는 후보를 안 낼 수도 있어요. 문재인을 이기기 위한 전략적 선택으로 빠지는 거죠. 명분은 좋잖아요. "우리가 박근혜를 대통령에 당선시켰고, 국정농단에 대해 책임지는 의미에서 우리는 후보를 내지 않겠다"고 할 수 있는 겁니다. 그렇게 되면 바른정당과 국민의당이 합치는 것은 급물살을 탈 수 있죠. 결국 문재인과의 1:1 싸움이 되는 거고요.

지　그렇게 되면 예측하기가 어렵잖아요.

이　어려워지죠. 지금의 구도에서 무조건 문재인이 이긴다는 것은 자유한국당, 바른정당, 국민의당, 정의당에서 모두 후보가 나오고, 이렇게 다당간에 싸우는 거거든요. 그렇게 되면 문재인의 대세론이 전혀 꺾일 이유가 없지만, 자유한국당이 발을 빼고, 바른정당과 국민의당이 힘을 합치면 다시 51:49의 싸움이 될 수도 있다는 거죠. 그리고 저는 절대로 문재인을 찍지 않겠다는 사람들이 지금 이 구도면 투표를 포기할 수 있지만, 바른정당과 국민의당이 합치는 순간 안철수를 찍으러 투표장에 다시 나온다는 거고요. 그러면 51:49 싸움이 재현됩니다. 국민의당 입장에서는 만약 바른정당과 합치면 자유한국당에 딜을 할 수도 있는 거죠.

지　조금 봐주겠다?

이　아니면 장관 몇 자리를 주겠다든가, 그건 얼마든지 정치적 딜로 가능한 것 아닌가요?

지   문재인 지지자들은 그렇게 얘기하고 있잖아요. 대세론이다, 압승이다, 그런데 진짜 그런 상황이면 너그럽게 해야 하잖아요.

이   그렇죠.

박원순의
결정적 실수

지　박원순 시장의 경우, 사실 행정 능력은 외국 언론에서도 인정을 받았고, 다들 잘한다는 얘길 했었잖아요. 이번 탄핵 때도 여러 가지 관리를 잘했고요. 서울시장이 박원순이 아니었다면 물리적인 충돌이 일어났을지도 모른다는 이야기도 나오고. 그런데 지지율은 점점 떨어졌잖아요. 말씀하신 것처럼 박원순 시장이 지지율 1위인 시절이 있었는데요. 그게 점점 떨어지다가 탄핵 국면에서 더 떨어졌어요.

이　박 시장이 어느 순간 권력욕이 생겼다고 봐요. 그러다보니까 너무 빨리 관리에 들어갔어요. 예를 들면 서울시 인권 조례 같은 것, 박 시장은 인권변호사 출신이잖아요. 그런데 기독교 집단이 대차게 항의하고 들어오니까 동성애 문제를 서울시 인권 조례에서 빼버렸단 말이에요. 그건 보수 표를 의식한 행동이었다고 보거든요. 인권변호사가 그러면 안 되죠.

표를 의식하지 않고 서울시장으로서 밀고나갔어야 해요. 그러지 않다보니까 진보적 유권자들한테 인심을 조금씩 잃게 된거고요. 권력욕 때문에 기존에 했던 강한 발언들보다는 어떤 집단의 눈치를 보는듯한 인상을 풍긴 거죠. 그런 상황이 반복되면서 점점 지지율이 하락하지 않았을까 싶어요. 지지율이 하락하고, 조급하다보니까 해서는 안 될 문제인 네거티브를 한 것이고요. 그게 오히려 역효과가 나서 더 빠져버린 거잖아요. 회복할 수 없는 지경까지 갔어요. 정치인에게 권력욕은 나쁜 것은 아니지만, 그걸 잘 활용해야죠. 그리고 '다음 대선에 나가느냐' 이렇게 물어봤을 때도 계속 피했거든요.

지　나간다는 뉘앙스의 말은 계속했는데, 시원하게 얘기하지 않은 부분이 있었죠.

이　오히려 시원하게 얘기하는 것이 나아요.

지　하겠다는 거야, 말겠다는 거야, 하고 사람들은 느꼈던 것 같아요.

이　'나는 정치인인데, 정치인의 최고의 목표는 대통령 아닙니까?'라고 말한다고 누가 뭐라고 하나요? '지금 서울시장 열심히 해서 인정받으면 대통령 할 수도 있죠' 하면 되는 건데요. '그런 질문을 왜 하세요' 하면서 자꾸 도망가니까 오히려 이상해지는 거죠.

지 한국 사람들은 명확한 것을 좋아하지, 애매하고 의뭉스런 표현을 좋아하지 않는 것 같습니다. 특히 정치 지도자의 경우는.

이 정치인의 발언은 5000만 국민이 다 알아들을 수 있어야 합니다. 간결하면서도 명확해야죠. 그런데 박 시장은 그런 발언이 없었어요. 이건 문 대표도 마찬가지인데요. 문 대표가 무슨 말을 하면 논란이 벌어지잖아요. 그러면 다양한 해석본이 등장해요. 사실 문 대표의 뜻은 그게 아니었다, 김경수 의원이 쓰거나, 아니면 측근 최재성 의원이 쓰고, 아니면 지지자들이 알아서 써요. 왜 그 말을 못 알아듣느냐고 하는데요. 해석본이 나오는 자체가 문제입니다. 왜 해석본이 나오죠? 정치인이 얘기를 했는데, 모든 사람들이 알아듣지 못하는 건 바람직하지 않아요. 간결하고 명확해야 합니다. 이 시장이 탄핵 국면에서 갑자기 지지를 얻은 것도 말이 간결 명확하기 때문입니다. 누가 들어도 '아하' 하게 되잖아요. 그런 게 필요하죠.

이재명의
돌파구는 없는가?

지   탄핵 정국에서 사람들이 이재명 시장한테서 트럼프를 보기도 하고, 노무현을 보기도 했던 것 같은데요.(웃음) 대중들을 대중의 언어로 설득하는 데 성공한 거잖아요. 그게 촛불 정국에서 지지율이 올라간 계기가 되었죠. 그런데 다시 급속도로 빠졌잖아요. 이재명 시장의 돌풍이 꺼진 이유는 뭘까요?

이   이 시장의 도덕성 문제가 불거지면서 그렇게 된 거죠. 야권 진영에서 시작됐다고 보는데요. 그게 결국은 여권까지 번져서 카톡에서 형수에 대해 욕설을 한 편집본이 돌았어요. 그 욕설을 들어보면 일단 이 시장한테 반감을 가질 수밖에 없어요. 욕설 내용 자체를 보면. 이 시장이 왜 이런 욕을 형수한테 했을까, 국민들은 그것까지 알 필요가 없는 거잖아요.

지   그 동영상이 이 시장의 발목을 잡는 데 큰 역할을 했다고 보는 거군요.

이   결국은 도덕성 문제죠. 욕설 문제, 전과 문제, 음주 운전 문제… 이 시장은 가난해서 정말 치열하게 살아왔잖아요. 그 치열하게 살아온 삶 자체가 대권 후보 반열에 오르게 한 것도 맞지만, 역설적으로 치열하게 살아왔기 때문에 본인한테 불리하게 작용하는 면도 있죠. 제가 사실은 이재명의 대권 도전 가능성을 가장 먼저 언급한 사람입니다.

지   그래서 이 시장 지지자라고 공격을 받기도 했잖아요.

이   이재명이 대권 후보군에 오르기 전부터 이재명은 대권 가능성이 있다고 언급하긴 했었습니다. 아까 치열하게 살아 왔다고 했는데, 대권 주자는 스토리가 있어야 합니다. 그런데 이재명은 스토리가 있잖아요.

지   대선후보 출마선언 때 가족과 함께한 것도 인상적이었죠.

이   초등학교 밖에 졸업하지 못한 것, 그리고 공장에서 일하다가 장애인이 된 것, 그런데 그것을 다 극복하고 변호사가 되었죠. 일단 스토리가 있고, 명확하고 간결한 발언을 구사하면서 국민들 정서에 보답하는 사이다 발언, 행정 능력을 보여준 것, 그래서 저는 충분히 대권의 가능성이 있다고 봤어요.

TK 출신이라는 점도 긍정적으로 작용할 것이라고 봤어요. 성남시장 선거에서, 하늘 아래 분당이라는 곳에서 새누리당보다 더 많은 표를 얻은 것도 매력적이었습니다. 그런데 나중에는 그 스토리가 자기 발목을 잡아버린 거죠. 이 문제는 처음 언급된 것은 아니거든요. 이 시장이 성남시장 선거에 두 번째 나갈 때 계속 언급된 문제입니다. 그런데 왜 갑자기 불거졌을까? 역시 지지율이 15% 넘어가면서 치고 올라오기 때문에 견제할 필요성을 어딘가에서 느낀 거죠. 이 시장은 이번뿐만 아니라 다음 대선을 위해서라도 본인이 확실하게 짚고 넘어가야 됩니다. 사과를 하려면 정말 진솔하고 명확하게 해야 합니다. 지금 이 시장이 하는 태도는 진솔하고 명확한 사과가 아니거든요. 누가 봐도 평계이고, 변명인 것처럼 보여요.

지　어쩔 수 없었다?

이　그런 식이죠. 당신 어머니가 그렇게 당했으면 안 그랬을까, 이런 식으로.

지　이 시장을 좋아하는 사람들에게는 동정여론이 생길 수도 있지만, 그렇지 않은 사람들은 '정치 지도자라면 이렇게 풀지는 않았어야 되지 않나?' 하고 느꼈을 겁니다.

이　음주 운전 문제도 그렇고, 검사 사칭 문제, 논문 표절 문제도 다

도덕성 문제잖아요. 그냥 사과할 때는 깨끗하게 하는 거예요. 자꾸 '그건 죄송합니다, 그렇지만'이라고 하면 이 시장을 좋아하지 않는 사람들은 절대 사과로 받아들이지 않아요. 그게 다음 선거에서도 발목을 잡을 수 있어요. 사과하면 '그때 사과했잖아' 하고 넘어갈 수 있잖아요. 이 시장은 그걸 꼭 한번 털고 넘어가야 합니다.

지　이재명 시장은 도덕성보다는 능력이 부각된 기잖아요. 대중들한테 설득력 있는 언어를 구사하기도 하고. 그런데 이번 선거는 도덕성 문제가 발목을 잡는다는 거군요.

이　이명박, 박근혜 정권 10년을 겪으면서 도덕성이 정치인들에게 꼭 필요한 덕목이라는 것을 국민들이 느꼈기 때문에…

지　이 국면에서 이재명 시장이 반등할 수 있는 계기는 없을까요?

이　지금은 없다고 봐야죠.

지　상황에 따라 달라지지 않을까요? 탄핵 인용 후 모든 게 '끝났다'고 생각하면 문재인으로 가겠지만, 보수의 저항이 심해지고 박근혜에 대한 수사가 국민의 기대에 못미치면 이재명이 확실한 후보로 떠오를 수 있잖아요.

이　어쨌든 이재명도 여권 후보랑 붙어서 대통령이 되려면 예선을 통과해야 하잖아요. 예선에서는 어떤 수를 써도 문재인을 이기기가 어려워요. 이 시장이 생각하는 유일한 방법은 결선 투표로 가는 거예요. 1차 투표에서 문재인이 50%를 넘지 않고 결선에서 안희정, 박원순, 김부겸 표까지 흡수해야 하거든요. 그런데 제가 봤을 때는 결선 투표로 가기가 쉽지 않아 보여요.

그러니까 지금 문재인이라는 벽이 너무 높아요. 과거 노무현이 1%에서 이인제를 뒤집은 것은 상대가 이인제였으니까 가능했던 겁니다. 민주당과 정체성이 안 맞는 사람이 대세론을 들고 나왔기 때문에 바람으로 뒤엎을 수 있었거든요. 지금 이재명은 바람으로 뒤엎으려고 했는데, 문재인이 민주당의 정체성에 맞는 사람이잖아요. 그러니까 뒤엎을 수 없지요. 어떻게 보면 민주당의 적자라고 할 수 있으니까요.

반기문은
어떻게 쪼그라들었는가?

지 반기문은 왜 그렇게 일찍 강판됐을까요?

이 충분히 예측 가능한 결과였죠.

지 강판될 것이라고 예상은 했지만, 불과 1~2주 만에 그렇게 됐잖아요.

이 저는 예상을 했어요. 황교안, 고건, 반기문 모두 똑같아요. 평생을 공무원으로 살아왔어요. 공무원은 안전한 길만 가요. 돌다리도 두들겨 보고 갑니다. 반기문한테 돌다리는 뭐였냐 하면 지지율이었어요. 계속 30% 가까이 나오고, 문재인과 1, 2위를 다투고, 안전한 돌다리였죠. 그러니까 출마한다고 했던 거예요. 그런데 그 안전한 돌다리가 무너져서 지지율이 자꾸 빠지는 겁니다. 평생 공무원으로 살았던 사람들은 모험을 회피합니다. 그 사람은 정치인이 아니라 외교관입니다. 정치인의 발언과 외교관의 발언은 다르거든요. 반기문은 정치권에 들어와서도 외교관처럼 말했습니다. 누가 그걸 박수를 쳐줘요. 한국에 와서도 옛날 방식을 고수해서 본인 스스로 지지율을 까먹은 겁니다. 과거에 했던 방식, 측근들을 대거 거느리고, 어디 방문하고, 방역 쇼 하는 모습들… 이제는 국민들이 다 알거든요.

지   이명박근혜 정권 때문에 그런 것에 질려 있는데.(웃음)

이   그런 쇼를 하니 누가 좋아합니까? 반기문은 들어오자마자 중도 얘기부터 꺼내고, 나는 진보적 보수주의자다, 이게 무슨 말입니까? 장난치는 거야?(웃음) 보수의 입장에서도 이 사람이 우리 편이 맞나, 안 맞나, 헷갈리는 거죠. 이도 저도 아닌 거니까. 정치인은 여기 갈까, 저기 갈까, 기웃거리거나, 혹은 간을 보면 무조건 지지율이 빠지게 되어 있습니다.

지   반기문의 사퇴가 안희정의 급부상으로 이어졌잖아요.

이   그건 같은 충청권 출신이라는 점도 있었을 거고요. 박근혜한테 엄청 실망한 보수주의자들은 지금 자기가 보수인 것을 창피스럽게 생각합니다. 어떻게 박근혜 같은 사람을 뽑았고, 저런 사람이 나와서 우릴 이렇게 망신시키나, 하고 생각하는 거죠. 그런데 반기문이 들어와서 마음을 주려고 했는데, 하는 짓거리가 비슷해요. 그런데 문재인은 절대 못 찍겠어, 그러다보니까 안희정한테 가는 거예요.

지 바른정당은 후보를 내봤자 너무 인기가 없어서 의미도 없을 것 같고요. 거기도 명분을 내세우고 출마를 안 하는게 낫잖아요.

이 일단은 독자적으로 후보를 내려고 하겠죠. 사실은 바른정당이 살아남으려고 했으면 반기문을 일찍 영입해서 정당에서 컨트롤해줬어야죠. 아마추어 같은 사람들이 반기문 옆에 붙어서, 혹은 이명박 측 인사들이 붙어서 컨트롤하니까 망가질 수밖에 없는 겁니다. 바른정당은 정치를 오래한 사람들이 많고, 머리가 돌아가는 사람들이 있다고요. 그 사람들이 빨리 영입해서 바른정당 후보를 만들었으면 바른정당도 저렇게는 안 됐습니다.

바른정당도 반기문 들어오고 나서 눈치만 봤거든요. 저 사람이 어떻게 되나 하고. 정치는 눈치 보면 안 됩니다. 바른정당도 굉장히 갑갑할 겁니다. 바른정당이 처음에 분당하고 난 뒤의 스탠스도 모호했기 때문에 지금처럼 쪼그라든 거예요. 그렇게 분당해서 나왔으면 가열차게 박근혜와 자유한국당을 공격해야 합니다. 그리고 그쪽 스탠스와 다르게 가야 합니다. 그런데 만 18세까지 투표 연령을 낮춰야 한다고 했다가 뒤집었단 말이에요. '쟤들 안 바뀌었구나' 이렇게 되는 거죠. 지금은 이도 저도 아닌 정당이 되어 버렸잖아요. 그러니까 보수에 실망한 사람들을 끌어안았어야 하는데, 그걸 못 한 겁니다.

칼은 칼집에 있을 때
더 위력적이다

지 어떻게 보면 정치인 DNA도 연예인 DNA와 비슷한 거 같아요.
'데뷔하면 사람들이 나를 사랑해줄까?' 이런 소심한 캐릭터는 연예계
에 데뷔할 수가 없잖아요. '내가 데뷔하기만 하면 첫무대에서 욕을 먹
더라도 결국 사람들이 나를 좋아해줄 거야'라고 하는 근성과 자뻑이
있어야지 험한 연예계에서 살아남을 수 있잖아요.

이 그럼요. 우리가 흔히 연예인, 정치인, 무당의 사주가 비슷하다고
얘기해요. 연예인과 정치인은 닮은 측면이 굉장히 많아요. 인기를 먹
고 살고, 외부에 비치는 모습이 그 사람의 정체성을 만들기도 하고요.
정치인은 자기가 여론을 이끌 수 있어야 합니다.

지 YS, DJ는 노욕이다, 권력욕이다, 이런 얘기를 들을 정도로 대통령에 대한 강한 의지를 보였었잖아요. 그게 책임감일 수도 있고요. 사람들은 욕을 하면서도 '나라를 책임지겠다는 강한 의지가 있구나'라고 생각하기도 하잖아요. 거기에 비해서 지금 대통령이 되겠다는 사람들은 그런 것이 부족해 보여요.

이 사실은 YS, DJ가 강력한 카리스마를 가지고, 리더십을 발휘했던 것은 상대방이 나보다 강력한 독재자였기 때문이죠. 박정희를 상대로 싸우려면 스스로 강력해질 수밖에 없는 겁니다. 지금은 민주주의가 어느 정도 완성됐다고 생각하기 때문에 그런 강력한 지도자가 필요없다고 생각할 수도 있지만 이명박, 박근혜 정권을 보세요. 이건 아니거든요. 박근혜가 정권을 잡고 한 짓을 보세요. 어처구니없는 일들을 얼마나 많이 저질렀습니까? 위안부 합의 문제도 그렇고, 역사 교과서도 그렇고, 블랙리스트도 그런 거고요. 박정희와 다를 게 없잖아요. 여기에 맞서서 싸우려면 강력한 돌파력이 필요해요. 그런 면에서 문재인의 리더십이 좀 아쉽다는 거죠. 안철수도 마찬가지고요.

지 리더십 얘기가 나왔으니까요. 지금 같은 비상한 상황에서는 정치 지도자가 어떤 리더십을 보여줘야 할까요?

이 '내가 집권하면 어떻게 하겠다'는 기준이 명확해야 합니다. 국민들이 바라는 것은 적폐 청산이니까, '일단 이 길로 간다'는 선을 정확히 제시해야죠. 그런데 그렇게 하면 국민들이 반으로 갈라져 싸울 수 있잖아요. 포용은 나중에 해도 됩니다. 적폐를 청산하러 들어갔는데, 국민들이 싸우니까 '아, 이쯤에서'라고 하면 아무 것도 안 되는 겁니다. 첫 기준을 확실히 세우고 나서 그게 어느 정도 이루어지면 그 다음 단계로 나가야죠. 지금은 강력한 적폐 청산의 의지가 필요합니다. 1년, 2년 하면 되지 않겠어요?

지　지금 단계에서는 여러 가지 모순되고 부패한 것을 청산할 때지, 연정을 이야기할 때는 아니라는 거죠?

이　그럼요. YS의 집권 1년차만큼만 하면 국민들에게 정말 큰 박수를 받을 거라고 봅니다.

지　초기 지지율이 90% 정도 됐었죠.

이　왜 박수를 쳤겠어요. 군사정권의 모든 잘못된 적폐를 YS가 들어와서 1년 만에 다 청산해버렸거든요. 군부 사조직인 하나회 척결, 금융실명제 추진 같은 것들. 이명박, 박근혜 정권 10년 동안 잘못된 것을 강력한 의지만 있으면 1년 반이면 충분히 청산할 수 있습니다. 그 다음의 과제들은 그 다음에 하면 되는 것이죠. 나머지 외교나 경제 등은 전문가들에게 맡기고요.

문재인은 경제 전문가도 아니고, 외교 전문가도 아니잖아요. 자신을 지지하는 그룹 중에 전문가들이 많잖아요. 그 사람들한테 맡기고, 본인이 의지를 보이면서 할 건 해야 합니다. 어설픈 봉합을 해서는 아무 것도 안 되죠. YS가 처음에 들어와서 하나회를 해제했는데요. 나른 시도자는 그렇게 못합니다. 어설프게 해서는 안 돼요.

지   지금까지 야당이 보여준 모습을 보면 걱정되는 면이 많거든요. 아까 말씀하신 것처럼 보수 언론에 끌려다닐 수도 있고요. 욕을 먹든, 말든 힘이 있을 때 할 것은 해야 한다는 말씀인데요. 사실 노무현 정부만 해도 초기 허니문 기간에 그걸 놓친 면이 있는 것 같아요.

이   김대중, 노무현, 힘이 없는 대통령이었잖아요. 김대중도 사실은 허니문 기간 동안 보수 언론을 믿었어요. 그런데 첫판부터 저쪽에서 장난질을 쳤어요. 노무현도 대화가 되는 상대로 생각했거든요. 지금은 사실 보수의 민낯이 많이 까발려진 상태예요. 그러니까 개혁을 하기에 매우 좋은 시기입니다. 힘이 있을 때 완벽하게 해야 합니다. 특히 보수 언론 눈치를 보지 말고. 종편이 만약에 장난질을 하면 재심사 카드를 가지고 대응하면 되잖아요. 누가 문재인이 직접 하래요? 다른 사람이 충분히 할 수 있잖아요. 세무조사 카드도 있고요. 합법적으로 할 수 있는 여러 가지 카드가 있습니다.

김영삼은 세무조사를 해놓고는 패를 안 깠어요. 그러니까 보수 언론이 공격을 못했잖아요. 이것도 어떻게 보면 정치력이죠. 정말 큰 것을 위해서 작은 것을 좀 희생하는. 종편 심사 카드를 가지고 협박하라는 것이 아니잖아요. 종편 재심사를 할 때 항목들이 규정되어 있으니까, 우리는 규정대로 하겠다고만 하면 되는 겁니다. 그러면 종편 쪽에서 장난칠 수 있을까요?

지　칼은 칼집에 있을 때 더 위력적이잖아요. 일단 뽑으면 싸울 수밖에 없는 건데, 칼을 보여주고 '뽑을 수도 있어'라고 하면 상대방은 '어, 죽을 수도 있네' 이런 생각을 할 수 있으니까요.

이　폭탄을 던지면 끝나는 거잖아요. 폭탄은 던지기 전에 상대방에게 위력을 발휘하는 거죠. 그런 방법이 아니면 지금까지의 모든 적폐를 청산하기 어렵습니다. 개혁은 저항하는 세력이 있어서 어려운 겁니다. 그 저항을 극복하려면 모든 수단을 동원해야죠.

김영삼 같은 경우는 IMF만 없었어도 훌륭한 정치 지도자로 남았을 겁니다. 김영삼 정권 초기에 했던 각종 개혁들, 김영삼 아니면 절대 못 했을 겁니다. 지금 이 상황에서는 그런 리더십이 필요합니다.

그때는 YS의 강력한 의지가 있었으니까 가능했거든요. 권한을 행사하라고 국민들이 대통령으로 뽑아준 거잖아요. 그럼 써야죠. 그런데 딜을 해서 구속된 박근혜를 특사로 풀어주는 순간, 오히려 더 이상해집니다. 잘못하면 벌을 받는다는 명제를 어기지 말아야 다시는 똑같은 일이 벌어지지 않습니다. 친일, 나라를 팔아먹는 매국 행위는 잘못된 건데요. 그걸 우리는 한번도 단죄하지 못해서 지금까지 매국노의 후손들이 설치는 거예요.

포스트 심상정/노회찬은 없는가?

지   진보 진영에서도 대선 후보를 내서 존재를 알릴 필요가 있잖아요. 심상정 후보는 완주하겠다고 이야기를 했는데요. 잘못하다 보면 '결국은 사퇴할 것 아니야?', '이 엄중한 시기에'라는 양쪽 모두의 비판을 받을 수 있잖아요. 지난번 선거에서도 이정희 후보가 사퇴할 수밖에 없었고요.

이   지난번 같은 경우는 보수와 진보가 명운을 걸고 싸운 싸움이기 때문에 이정희 후보가 사퇴를 한 거고요. 이번에도 또 사퇴하면… 정의당은 사퇴하라고 있는 정당입니까?(웃음) 집권을 위해서 있는 정당이니까 후보를 내야죠. 그런데 아직도 심상정이고, 노회찬입니까? 새로운 인물이 없어요. 키우려고도 하지 않고. 외연을 확대하려는 노력도 하지 않아요. 저는 그게 굉장히 안타까워요.

총선 같은 경우는 우리 국민들이 많이 밀어줬어요. 두 자리 숫자도 만들어줬잖아요. 지역구 투표는 2번이지만, 비례는 4번 주고 했었잖아요. 그렇게 당선되어 들어와서 한나라당보다 더 강하게 노무현 정권을 비난했잖아요. 우리가 뽑아준 이유가 없어진 거잖아요. 들어가서 한나라당하고 싸우라고 했더니 거기랑 발맞춰 우리를 공격을 해? 이런 것들이 지지율을 떨어뜨린 거죠.

그리고 이번에 메갈리아[2] 논란도 마찬가지지만, 치열한 논쟁을 통해서 자기들이 가야 할 길을 모르는 겁니다. 우리는 진보적이니까 무조건 젠더 문제를 옹호해야 한다고 생각하다 보니 메갈리아도 좋은 것이고… 이런 식이면 안 되죠. 상당수 국민들의 생각과 반대로 가버렸잖아요. 그 사태 때문에 당원들이 탈당하는데, 그걸 왜 바라보고 있냐고요. 메갈리아 논쟁은 젠더 논쟁과 전혀 무관하다고 생각하거든요. 그럼에도 불구하고, 지도부가 방관하는 바람에 메갈리아 사태를 키웠고, 그래서 탈당 도미노가 일어났는데, 지금도 그 문제에 대해서 피하려고만 하잖아요. 정치인은 도망가려고만 해서는 안 된다니까요.

---

2 메갈리아(Megalia)는 대한민국의 커뮤니티 사이트이다. 여성혐오 대항 사이트이자 페미니즘 관련 웹사이트임을 표방하고 활동 중이지만, 대중들에게는 대표적인 남성혐오 사이트로 인식된다. '메갈리아'라는 이름은 노르웨이 여성주의 소설 《이갈리아의 딸들》과 디시인사이드 내의 '메르스 갤러리'에서 따온 것이다.(출처 : 위키백과)

지   정치인들뿐만 아니라 진보 성향의 지식인들은 옹호하든지, 입을 다물든지 둘 중에 하나인 경우가 많은 것 같은데요. 차가 왼쪽으로 가면 잘 따져봐야 하잖아요. 차체의 구조적 결함 때문에 그럴 수도 있는데, 무조건 핸들을 오른쪽으로 꺾어야 한다고 생각해요.

이   진보 정당이 보수 정당과 다른 이유는 치열한 논쟁, 토론이 있다는 건데요. 일단은 욕먹는 것이 두려워서 피하는 데 문제가 있죠. 그리고 답을 정해놓고 토론하는 것은 토론이 아니죠. 왜 답을 정해놓고 토론을 해요? 아직도 좀 교조주의적이고, 국민을 계몽의 대상이라고 생각하는 경향이 있어요.

지   자신들이 정치적 올바름에 대해서 알려줘야 한다고 생각하는 면이 있죠.

이   그게 진보 엘리트의 단점이죠. 사실은 보수도 엘리트주의의 문제가 있지만, 학력에 대해서 민감하게 반응하는 것은 진보도 마찬가지예요.

추억을 파는 정치는
끝나야 한다

지   박근혜 대통령의 거취는 어떻게 될까요?

이   구속해야죠.

지   박근혜 대통령에 대한 동정여론도 작지 않은 것 같은데요.

이   구속이 안 된다는 동정여론이 아니고 오히려 그 동정여론 때문에 대통령 선거에 영향을 미칠 겁니다. 구속하고는 상관이 없고요. 검찰이 박근혜를 수사할 텐데요. 검찰은 대한민국에서 가장 눈치 잘 보는 집단 중 하나 아닌가요? 박근혜는 죽은 권력이고, 누가 봐도 정권 교체 될 가능성이 높은데, 박근혜를 구속하지 않는다? 바보가 아니라면 그렇게 하지 않겠죠. 자기들이 수사를 잘못해서 일이 이렇게 커진 거잖아요. 자신의 잘못을 만회하기 위해서라도. 그리고 특검이 무척 잘했기 때문에, 특검과 비교가 될 것 아닙니까? 그런 정체성과 최소한의 자존감을 세우기 위해서라도 검찰에서는 박근혜를 구속할 겁니다.

지　자신들의 명예회복을 위해서라도 구속할 것이다? 어떻게 보면 기회라고 생각하겠죠.

이　그리고 이 국정농단에 관련된 사람들이 모두 구속되었는데, 왜 박근혜만 안 된다는 겁니까? 물론 동정론은 있겠죠. 그런데 그 동정론은 반문재인, 반민주당 전선으로 확대되고 이동할 수도 있어요.

지　박근혜가 구속되고 나면 MB한테도 영향을 미칠까요?

이　여론은 그렇게 흘러갈 거예요. 박근혜 정권에서는 4대강 문제가 이슈로 드러나지 않았는데, 박근혜가 구속되고 새 정부가 들어서면 4대강 문제는 계속 방송에 나오겠죠. 그러면 국민들은 왜 이 쓸모없는 것에 그 많은 돈을 들여서 만들었을까 하는 의구심을 품게 될 거고요. 그러면 수사가 시작될 수 있어요. 4대강 문제는 보를 폭파해서 과거로 돌리지 않는 한 해결할 수 없습니다. 거기에 대한 책임을 정치인이 져야죠.

지　박근혜, 최순실 게이트 자체가 너무 어이가 없는 일이잖아요. 어떻게 지금 이런 일이 벌어졌다고 생각하세요?

이　우리는 정치 지도자의 능력, 비전, 리더십을 보지 않고, 자꾸 과거의 향수, 추억에 빠져 있습니다. 박근혜는 자신의 능력 때문에 대통령이 된 것이 아니고, 박정희의 딸이었기 때문에 대통령이 된 거잖아요. 문재인의 경우도 사람들이 노무현을 얘기하잖아요. 조금 더 나가면 김대중을 이야기하고. 그 자체의 문제인거죠.

박근혜는 한번도 땀 흘려서 자기 힘으로 돈을 벌어본 적이 없는 사람이잖아요. 토론회에서도 그렇게 발렸는데, 박정희의 후광 때문에 된 거 아닌가요? 그러니까 미래지향적인 이야기를 하지 않고, 과거의 향수에 젖어 있고, 과거에 강력한 리더십을 가지고 있던 지도자들의 그늘에서 못 벗어나는 겁니다. 당 대표가 되거나, 전당대회가 끝나면 항상 전직 대통령 묘소부터 찾아가 참배부터 하는 거잖아요. 내가 그 사람의 적자라고 얘기하고 싶은 건데요. 이제는 그런 거 그만해야죠.

지　이번 선거가 과거로부터 벗어날 첫 선거가 될 줄 알았는데, 여전히 이번 선거의 중심 중 하나가 노무현이 될 것 같은데요.

이　어떻게 보면 우리 역사의 아픔이잖아요. 그걸 쉽사리 잊을 수 없어요. 더 많은 시간이 흘러 자연스럽게 해소되리라 생각합니다. 어쨌든 문재인 정부가 탄생하면 문재인 정부는 노무현 정부의 적통이니까 노무현 정부에서 못 이뤘던 개혁도 이루어내야죠. 노무현 정권에서 부족했던 부분들, 양극화가 심해졌다거나, 대학등록금이 급속도로 상승했다든가 하는 문제들을 해결함으로써 문재인 자신만의 가치를 증명하고 결과를 보여줘야 합니다. 그렇게 되면 그 다음 선거에서는 김대중, 노무현의 이야기가 덜 나오겠죠. 김대중의 적자라고 하는 사람들은 다 국민의당으로 가버린 상태고요. 이제 자기 정치를 하는 사람들이 나와야 합니다.

이번 정권은
닥치고 개혁!

지　정권을 잡으면 가장 먼저 무엇부터 해야 할까요?

이　적폐 청산, 개혁이죠. 지금 아니면 못하거든요. 나머지는 집권 3년차, 4년차에도 할 수 있지만, 5년 단임이기 때문에 3, 4년 되면 또 레임덕이 옵니다. 그때 가서 한다고? 그건 불가능해요. 정권이 힘을 가지려면 국민들이 받쳐줘야 하거든요. 개혁의 원동력은 역시 국민의 지지예요. 정권 초기에 강력한 개혁 드라이브를 걸면 당연히 국민들이 좋아하지, 싫어하겠습니까? 사정 작업을 대대적으로 해야죠. 그걸 우리 국민들이 정치 보복이라고 생각하지 않을 테니까.

지　선한 의지만 가지고 개혁이 되는 것은 아니잖아요. 개혁의 주체가 힘이 있어야 할 텐데요.

이　지금은 국민들이 원하잖아요. 그러니까 촛불집회에 저렇게 많이 나갔던 것 아닌가요? 국민들이 뒤에 있다고 생각해야 합니다. 보수 언론에서 정치보복 아니냐고 써대겠죠. 뒤에 국민들이 있고, 지지자들이 있다고 생각하면 왜 못합니까?

지　이번 특검도 잘하니까 국민들이 힘을 실어주고 싶어 하잖아요.

이　그런데 지난 탄핵 국면을 보면 국민들이 앞서나가고 정치 지도자가 항상 한 발 늦었어요. 탄핵 이야기를 꺼낸 것도 국민들이지, 정치 지도자가 아니에요. 정치인들은 늘 쫓아갔거든요. 그래서 이재명이 인기 있었던 것 아닌가요? 정권을 잡으면 이제는 한 발 앞서 나가야 해요. 지지하는 국민들을 믿고 미리 나가라는 겁니다. 미리 나가면 박수 친다고.

지　탄핵 국면에서 한 발 늦었던 정치인인 문재인 전 대표가 가장 큰 수혜를 입은 것은 아이러니죠.(웃음) 이재명 시장도 그렇고, 박원순 시장도 발 빠른 대응을 한 편인데, 오히려 지지율은 떨어졌어요. 안희정 지사도 사실은 촛불집회 참여에 적극적이지 않았던 편인데요.

이　일단은 문 대표는 자신을 강하게 지지하는 팬덤이 넓게 형성되어 있잖아요. 그게 큰 자산이었고요. 이번에 정권교체를 못하면 안 된다는 생각이 전반적으로 퍼져 있으니까 이길 사람한테 쏠리는 경향은 당연합니다. 그 당시에 지지율이 높았던 후보가 문재인이었기 때문에, 야당 지지자들이 확 쏠린 면이 없지 않아 있어요. 그리고 2012년 대선 경험은 큰 자산이죠.

지 구체적으로 어떤 사람들을 개혁 대상으로 삼아야 합니까?

이 박근혜 정부에 부역한 사람들이겠죠. 지난번 국정원 사태를 일으켰던 사람들, 다 멀쩡하게 있잖아요. 그것부터 개혁해야죠. 경찰도 마찬가지고요. 국정원이 잘못한 것을 알면서 뭉개고 넘어갔잖아요. 하나하나 다 따져봐야 합니다. 지금 문제가 되는 역사교과서는 왜 저렇게 됐지? 위안부 합의는 왜 저렇게 됐지? 모든 의사결정 과정을 공개하고 바로 잡아야죠. 참여정부에서 하려고 했던 검찰개혁도 해야죠. 언론개혁, 재벌개혁, 계속해서 문재인이 말했던 것 아닌가요? 자기가 말했던 것을 정권 초기에 안 하면 언제 합니까?

지 특검이 잘할 수 있었던 원동력은 수사를 잘하는 인물들을 선정한 거잖아요. 최소한 개혁에 참여해서 일을 해야 할 사람들이 '우리를 배제하고 니들끼리 맘대로 해봐' 하고 수수방관을 하면 안 될 텐데요.

이 문재인 대표가 2012년 대통령 선거 때도 재벌개혁, 검찰개혁, 언론개혁을 얘기했잖아요. 집권 초기에 그것을 못하면 문재인은 5년 동안 뭘 준비했느냐는 비판을 받을 겁니다. 적재적소에 사람들을 배치해서 개혁해야죠.

일부 야권 지지자들은 문재인 말고 이재명이 잘할 것 같냐고 생각하잖아요. 그만큼 야권 지지자들은 개혁을 바란다는 거예요. 꼭 이재명을 쓰란 얘기는 아니고, 그렇게 할 수 있는 사람, 개혁과 사정의 칼바람을 불러일으키고 모든 것을 놓고 떠날 수 있는 사람들을 지명할 수도 있지요.

또 보수 언론 눈치 보고, 재벌개혁이나 언론개혁을 위해서 공청회가 필요하다며 시간 끌면 아무 것도 못한다고요. 5년 동안 준비한 것이 있으면 집권하자마자 바로 시작해야 합니다. 이번에 인수위가 없잖아요. 대통령이 되는 순간 청와대에 들어가는 건데… 즉각 실천하라!(웃음) 지금은 개혁하기에 최적기예요. 보수로 대표되는 기득권들이 움츠러들어 있잖아요. 이때 해야 합니다. 김대중, 노무현이 개혁할 때는 저쪽 세력이 워낙 컸기 때문에 반발이 심했죠. 제대로 개혁을 못하면, 이번에 대통령이 되는 사람은 정말 역사에 죄를 짓는 거예요. 정말 중요한 기회입니다. 청소년들한테 설문조사를 해보면, 정의로운 것보다 부정을 저질러 부자 되는 것이 더 중요하다고 답을 해요. 이게 도대체 뭡니까?

지　10억 원을 주면 감옥에도 갈 수 있냐고 물을 때 상당수 아이들이 감옥에 가겠다고 하잖아요. 우리 사회에서 평생 일을 해도 10억을 모으기 힘드니까. 흙수저는.

이　윗물이 맑아야 아랫물이 맑은 거고요. 지금 국정농단 사태를 보면 박근혜, 최순실이 다 해쳐먹으니까, 그 밑에 있는 고영태 같은 사람도 같이 해쳐먹으려고 한 거잖아요. 먼저 공직자부터 제대로 된 삶의 태도를 보여줘야 해요. 잘못하면 벌을 받는다는 확실한 교훈을 심어줘야 합니다.

전라도를 바라보는
두 가지 시선

지　2017년 대선에서 호남의 선택은 어떻게 될까요? 지난 총선에서 국민의당이 선전하는 모습을 보면 '우리가 민주당 쪽 사람들에게 마음의 상처를 입었다'고 의사 표시를 한 거잖아요. '국민의당이 잘할지는 모르겠지만, 이번 한번은 기회를 주겠다'고 했는데, 지금 이렇게 대세론일 때는 봉합되어 있지만, 갈등의 요소가 남아 있는 것도 분명하잖아요.

이　그래서 안희정, 이재명의 존재가 필요한 거예요. 어쨌든 호남에서 어느 정도 반문정서가 있기 때문에. 그분들이 이재명이나 안희정에게 위안을 얻는 측면이 있죠. 결론은 호남은 전략적인 선택을 한다는 거죠. 이길 후보한테 표를 던질 것이고요. 지난 총선 때 호남 분들이 마음이 상해서 민주당으로부터 돌아선 것은 사실이지만, 그 이후의 지지율 조사를 보면 국민의당보다 더 높거든요. 국민의당이 총선 이후 호남 민심에 부흥하지 못했던 것이 가장 큰 요인이고요. 두 번째로는 총선 결과가 그렇게 갈 줄은 호남 분들도 예상을 못했을 겁니다.(웃음) 그렇게 일방적으로 나올 줄은. 자신들이 투표를 하고도 믿기지 않은 결과가 나온 거니까.

지   경고하는 의미로 한 것인데, 그렇게 결집이 될 줄은.(웃음)

이   그렇죠. 예를 들어 지금 선거를 다시 하면 국민의당이 저렇게 못 가지고 갑니다. 그런 측면에서 호남은 다시 제자리로 돌아올 거예요. 만약에 문재인이 대통령이 되면 호남을 달랠 제스처를 취해줘야죠. 호남에서 참여정부에 가장 실망한 것이 대북송금 특검 문제예요. 이 문제에 대해 참여정부 쪽 사람들, 문재인이 핑계를 대면 안 된다고 봅니다. 그건 진솔하게 사과를 하는 게 맞아요. '오히려 김대중을 보호하기 위해서' 이런 거짓말을 하지 말라는 거예요. 노무현이 거부권을 행사하면 그만인 게임이었어요. 대통령의 통치권으로 하는 것인데. 그런 부분에 대해서는 진솔한 사과가 필요하다고 봐요.

지   호남 쪽 지식인분들 위주로 영남패권주의 얘기가 나오잖아요. 하지만 지금 서로 생산적인 논쟁이 벌어지고 있는 것 같지는 않은데요.

이   영남패권은 분명히 있었죠. 김영삼 정부 때까지. 호남이 그동안 차별받고, 멸시받았던 것도 사실이고요. 김대중 대통령이 그 한을 풀어줄 줄 알았는데 결과적으로 안 풀렸지요. 우리가 그렇게 민주당을 뽑아줬는데, 우리한테 도대체 해준 게 뭐냐, 이 프레임이 작동을 해서 국민의당이 많이 당선된 거죠. 차마 새누리당을 찍을 수 없으니까.

지금 호남의 지식인들이 영남패권이라고 공격하면 안 돼요. 그렇게 공격하면 광주는 더이상 대한민국 민주화의 성지가 아니에요. 우리가 정권 교체를 위해서 노력한 것이지, 우리 지역에 뭘 바라고 한 것은 아니잖아요. 그렇게 따지면 영남에서 욕 얻어먹어가면서 민주당, 야당을 지지했던 소수의 사람들은 뭐가 됩니까? 노무현, 이재명도 마찬가지 아닌가요, 저도 그렇고요. 김대중, 노무현을 언급하는 것 자체가 욕 얻어먹는 짓이고, 돌 맞는 짓인데, 우리는 거기서 그렇게 싸워왔잖아요. 우리는 무엇 때문에 그렇게 싸워왔죠? 영남 세력이 집권한다고 우리한테 뭐 줍니까? 우리는 대의를 위해서 다음 세대의 더 나은 삶을 위해서, 정권 교체를 위해서 싸워왔잖아요.

그런데 호남의 지식인들인 강준만이나 김욱이나 고종석 씨 같은 주장은 정말 무책임한 것이라고 봐요. 민주당의 후보가 다 영남 사람이라고? 안철수가 당에 있을 때, 안철수도 그렇고, 박원순도 그렇고, 문재인도 그렇고, 이재명도 그렇고, 일부러 영남 사람을 키웠습니까, 왜 그럼 호남은 인물을 배출하지 못했을까요? 그게 영남 사람 탓은 아니잖아요. 정동영이 클 수 있는 기회를 영남에서 배제해서 정동영이 아웃된 건가요? 스스로 기회를 바보처럼 박찬 거잖아요. 천정배도 마찬가지죠. 좋은 사람들이 있는데도 불구하고 그렇게 된 거잖아요. 지금 박지원의 행태를 보라고요.

지 여기서 그 문제에 대해서 깊게 논할 수는 없겠지만, 영남 정치인들로부터 호남 사람들이 상처를 받기도 하고, 배타적인 느낌을 받을 수도 있었을 것 같은데요.

이 호남에선 약간의 어떤 실망감을 느낄 수 있어요. 진짜 이 사람은 우리를 버리지 않을 줄 알았는데, 결과적으로 그렇게 나타난 면이 없지 않죠. 그 부분에 대해서 저는 호남 사람들의 마음을 달래줄 액션이 필요하다고 봐요. 정권 교체 후에는. 우리가 지역감정, 지역차별 문제를 이야기하지만, 사실은 전라도 차별의 역사잖아요. 오래전부터 그렇게 인식되어 왔잖아요. 영화, 드라마에서 깡패는 모조리 전라도 사투리를 쓰고 그랬잖아요. 과거 군사정권에서 의도적으로 그렇게 만들었고요. 또 호남 사람은 뒤통수를 잘 친다는 등의 편견이 아주 뿌리 깊게 국민들에게 각인되어 있어요. 그런 것을 불식시키는 작업도 좀 필요하다고 봅니다. 문화, 예술, 교육을 통해서 할 수도 있고요. 의도적으로 배제되어 왔던 사람들이기 때문에 의도적으로 그것을 풀어줄 필요가 있어요.

지 어떤 형태의 액션이 필요할까요?
이 호남 차별의 역사를 이야기하는 토론회 같은 것도 좋습니다. 일베 같은 사이트를 소라넷 같은 음란 사이트 없애듯 조치할 필요가 있지요. 지역감정, 지역차별 해소라는 명분이 있으니까. 또 왜 일베에 이런 것들이 올라올까 하는 것을 연구하는 것도 필요하고요. 방법은 여러 가지가 있지 않겠어요? 방송에서 다큐멘터리를 만들 수도 있고요. 장관들, 혹은 국무총리를 의도적으로 호남 인사로 앉히는 것도 필요하죠.

지   쇼맨십도 어느 정도.

이   쇼맨십이 당연히 필요한 거죠. 그게 정치니까.

아직도 타는 목마름으로, 민주주의!

지　보수정권 10년 동안 민주주의가 많이 후퇴했다고 하는데요. 이 작가가 생각하는, 우리한테 필요한 민주주의란 무엇입니까? 박정희도 '한국식 민주주의'라고 얘기했잖아요.

이　박정희식 민주주의는 독재의 다른 말이었죠. YS도 민주화 투사고 DJ도 민주화 투사였는데, 그때 우리가 제대로 된 민주주의를 실현한 것은 아니잖아요. 왜 그랬냐 하면 남북 분단이라는 엄연한 현실, 북한이라는 존재 때문이죠. 북한에 대한 일종의 트라우마, 공포증에서 벗어나야 해요. 그걸 정치적으로 이용하는 세력들도 사라져야 하고요. 그러려면 국가보안법부터 없애야 합니다. 국보법이 저렇게 살아 있는데, 이게 진정한 민주주의 국가입니까? 진짜 민주주의 국가라면 대한민국에서 공산당도 만들 수 있어야 합니다. 일본에는 공산당이 있잖아요. 민주주의 체제에서 정당이란 국민들한테 지지를 못 받으면 사라지는 거죠. 그게 진짜 민주주의 아닐까요?

지　원리주의로 가면, 무조건적인 자유나 획일적인 평등, 이런 사회를 말하기가 쉽잖아요. 실제로 북한을 보면 평등한 사회가 아니잖아요. 한국도 무제한의 자유가 주어진 것이 아니고요. 자유와 평등 사이에서 균형을 잡는 것이 중요할 텐데요. 그것도 사회의 역량이나 역사적인 위치에 따라서 달라질 수 있겠죠. 우리가 당장 북유럽처럼 할 수 있는 것도 아니고요. 우리 사회에서 그런 부분에 대한 고민과 학습이 부족하다는 생각이 들거든요.

이　그런데 민주주의가 뭐지, 우리는 민주주의 국가인가 하고 말하는 자체가 이상하잖아요. 민주주의 국가는 그런 얘기를 하지 않아요.(웃음) 모든 게 민주주의니까. 민주주의에 의문을 갖는다는 자체가 아직 우리나라가 민주화되어 있지 않다는 걸 뜻하거든요.

지　아직도 목이 마르다?(웃음)

이　그렇죠. DJ는, 어쨌든 사회는 조금씩 진보한다고 했거든요. 투쟁의 역사이든, 그렇지 않은 역사든 간에. 그러니까 김영삼 때보다 김대중 때가 좋았지요. 민주주의만 놓고 봤을 때는. 김대중 때보다 노무현 때가 더 좋았던 거고요. 그런데 보수 정권 10년 동안 그게 후퇴했다는 것인데요. 다시 바로 잡고 노무현 때보다 더 나아가야죠. 우리 모두의 과제인데, 그걸 정의를 내려놓고 '이리로 갑시다' 하는 것도 이상해요. 명확한 명제나 길을 정하지 않고, 사회 전반적으로 모든 것을 수긍할 수 있는 게 오히려 민주주의지, 뭘 정해놓고 하는 것은 아니라고 봅니다.

지　지금 한국 언론의 자유가 굉장히 위축되었다고 하잖아요. 국경없는기자회에서 발표하는 세계 언론자유지수를 보면, 우리나라는 2013년 50위에서 2015년 60위, 그리고 2016년에는 70위까지 추락했어요. 그렇다고 해서 김대중, 노무현 정권 때 아주 상위권에 있었던 나라는 아니거든요. 탐사보도를 하고, 문제를 제기하려고 하는 사람들은 곤욕을 치르기도 했잖아요. 정권이 바뀌어도 뉴스타파나 이상호 기자 등은 문제를 제기할 거란 말이에요. 사회에서 진실을 찾기 위해서는 문제를 제기하는 것이 필요할 텐데… '하루빨리 적폐를 청산해야 할 텐데, 우리 편을 왜 공격하냐?'라고 몰아붙일 가능성도 있거든요. 어느 정도는 옳은 태도일 수도 있지만, 어떤 면에서는 언론 자유를 제약하는 측면도 있어요.

이　언론을 사회의 공기라고 하는 것은 권력을 감시하고 비판하는 기능 때문이잖아요. 우리나라의 언론자유지수가 낮은 이유는, 권력으로부터 독립되어 있지 않고, 사주로부터 독립되어 있지 않고, 재벌로부터 독립되어 있지 않기 때문이잖아요. 권력이 방송을 장악할 수 있는 시스템이니까, 이것부터 바꿔야죠. 이것은 국회에서 입법활동으로 얼마든지 바꿀 수 있습니다. 노력만 하면 가능한 거예요.

그런데 언론사 사주로부터의 독립은 어려워요. 종편이든, 보수신문이든 모두 사주 체제니까요. 이걸 깨뜨리기가 어려워요. 언론사 자체에서 내부정화, 개혁이 이루어지지 않고서는 힘들다는 겁니다. 세 번째는 돈으로부터의 자유인데요. 재벌들이 광고로 협박을 하니까 제대로 못쓰는 기잖아요. 언론이 사회의 공기라고 생각하면 거기서부터 자유로워져야 하는데 진보 언론조차 자유롭지 못하니까 상당히 안타까운 일이죠.

지 '권력이 시장으로 넘어갔다'는 말처럼 진보 매체도 일단 생존해야 하니까 삼성의 눈치를 안 볼 수 없는 상황이죠.

이 언론을 법과 제도로부터 보호할 수 있는 것은 권력으로부터의 자유밖에는 없습니다. 사주로부터 자유화한다고 해서 사주에게 지분을 몇 % 이상 갖지 말라고 할 수는 없잖아요. 광고도 마찬가지죠. 기업에게 무조건 몇 %는 어느 신문에 광고를 실어달라고 할 수도 없고. 그러니까 언론사 자체 내의 개혁적인 조치가 필요해요. 법과 제도로 손질하기는 굉장히 어렵다고 봅니다. 예를 들어 법을 바꿔서 방송사 사장을 임명하는데, 청와대가 관여하지 않는 것으로 바꿨다 칩시다. 그럼 어떻게 될까요? 결국 돈이죠. 정부나 지방정부에서 언론사에 지출하는 광고비도 굉장히 많거든요. 정부도 광고로 충분히 제어할 수 있습니다.

지 어쨌든 MBC 사장에 김장겸 씨가 됐습니다. MB 정권서부터 공영방송을 정부의 애완견처럼 만들어놨는데요. 한번 망가진 것을 살리는 것은 무척 어렵잖아요.

이 쉽지 않죠. 그때 많은 기자들이 해고됐고, 그로 인해 새로운 인력이 많이 들어갔잖아요. 정권이 바뀌었다고 그 사람들을 다 나가라고 할 수도 없는 거고요. 김장겸을 저렇게 밀어붙일 수 있었던 것도 지금의 불합리한 사장 임명 구조 때문이잖아요. 이걸 고친 개정안이 국회에 계류된 상태인데, 통과 여부는 정치력에 달려 있지요. 지도자의 의지도 필요하고요. 할 수 있는 것부터 해야죠. 일단 이 법부터 통과시켜야 합니다. 지금처럼 여당 추천 인사가 압도적으로 많이 방송진흥위원회에 들어가 있으면 안 바뀝니다.

진보 매체도
종편에 진출하라

지   종편의 운명은 어떻게 될까요? 종편도 여러 가지 길을 모색할 텐데요. JTBC 빼고는 수익성에서 어려움을 겪고 있는 것으로 알고 있고요.

이   JTBC 같은 경우야 적자가 크게 나더라도 모 기업이 받쳐주고 있으니까 괜찮아요. 지금 종편 중에 제대로 역할을 하는 것은 JTBC 밖에 없잖아요. 여기서 '제대로'라는 것은 보도를 잘했다, 이런 뜻이 아니고요. 말 그대로 종합편성 채널로서 보도, 드라마, 오락 프로그램의 편성 비중을 맞췄다는 거죠.

지   남들이 볼 때도 '방송국답다' 하는.(웃음)

이　나머지 종편은 돈이 안 드는 뉴스 프로만 하잖아요. 패널 몇 명 데려다놓고 돈 10만 원씩 주고 떠들라고 하면 끝이니까.

지　돈 안 줘도 출연하고 싶어 하는 사람들이 많잖아요. 자기를 알리고 싶어서.

이　많죠. 다른 종편이 드라마를 안 만들고 싶어서 안 만드는 것이 아니잖아요.

지　초기에는 대작을 만들기도 했잖아요. 100억씩 들여서.

이　시청률이 안 나오니까요. 그러면 법대로 해야지, 지금 있는 법을 손질하라는 것이 아니잖아요. 있는 법대로 하다보면 종편이 자기들 살 길을 모색하겠죠. 지금처럼 이렇게 일방적으로 어떤 편을 들어주는 일은 안 할 겁니다. 뉴스 보도를 많이 만들다보니까 계속 한쪽으로 치우치는 얘기를 할 수밖에 없는 거예요. 그게 좀 앞으로 바뀌지 않을까요. JTBC는 손석희 앵커가 보도를 맡고 있어서 그렇지, 나머지들은 다 편향적이라고 볼 수 있잖아요. 거기에 YTN, 뉴스Y까지 한쪽 편을 들고 있잖아요. 저는 종편 채널 한두 개 정도는 진보 쪽에서 컨소시엄을 구성해서라도 인수하는 것이 낫지 않나 싶어요. 아니면 국민의 도움을 받더라도. 한겨레신문이 그렇게 해서 태어난 것 아닙니까?

지　사실 그런 노력이 없었던 것은 아니잖아요. 국민TV 같은 경우도 많은 분들이 출자를 해서 출범했는데, 성공적이라고 보긴 어렵죠.

이 협동조합 형태로 성공하기는 굉장히 어려워요. 처음에 출자금은 많이 모을 수 있겠지만, 제대로 운영되려면 조합비를 매번 납부해야 하는데요. 강제성이 없잖아요. 출자금을 많이 낸 조합원들은 내가 돈을 냈으니까 우리한테 빨리 뭔가 보여 달라는 요구를 당연히 할 수 있잖아요. 그러다보니 무리한 투자라든지, 실수가 있었고요.

세가 지금 말한 컨소시엄의 주체로는 한겨레신문도 있고, 경향신문도 있고, 오마이뉴스도 있고, TV 같은 것도 그 사람들이 해본 경험이 있잖아요. 그런데 돈이 없으니까 어느 정도 출자를 해서 국민들까지 힘을 모으면 한쪽이 돈을 많이 냈다고 자기들 맘대로 못할 거잖아요. 그렇게 하면 충분히 괜찮은 언론 형태로 갈 수 있고, 지금의 기울어진 언론 환경에 약간이라도 도움이 되지 않을까 싶어요.

지 자기와 정치적 성향이 조금 맞지 않는 사람이 나오면 저런 사람이 왜 우리 방송에 나오느냐고 공격하는 경향이 있었거든요. 지지자들 사이에서. 우리가 돈 내서 하는데, 저런 쓰레기 같은 놈 얘기를 왜 들어야 하냐고 들고 일어나면 폐쇄적으로 되기 쉽습니다. 어느 정도는 열려 있어야 참여하고 싶은 사람도 편하게 다가올 수 있어요. 정치적 색깔을 떠나서 일단 재미있어야 자리를 잡기도 쉬울 거고요. 상처 입은 편협한 태도가 확장성을 막고 있는 게 아닐까 싶어요.

이 협동조합 형태가 성공하기 힘든 것이 그런 겁니다. 1인 1표잖아요. 경영진이 방향을 잡고 나가기가 상당히 어렵습니다. 조합원들 눈치를 봐야 합니다.

지　세상을 바꾸고 싶은 뜨거운 열망을 가지고 있으니까요.

이　이이제이 같은 경우는 제가 독재를 하고 있기 때문에…(웃음) 사실은 그런 출연진들을 불러서 방송을 했을 때 엄청난 비난 댓글이 달려도 저는 개의치 않거든요.

지　그런 무신경함이 때론 필요하죠.

이　큰 조합 같으면 그렇게 못하잖아요. 저도 협동조합 초기에 무슨 사업을 진행하려다 조합원들 반대로 무산된 적이 몇 번 있습니다. 일단은 반대하고 보는 것 있잖아요. 사실 경영진은 실패의 가능성이 있어도 무릅쓰고 나가야 하는 것 아닌가요? 그 문제로 조합원들이랑 부딪히다가 탈퇴한 분들도 있고요. 협동조합 형태, 특히 방송국은 성공하기 어렵다고 봅니다. 모든 것을 조합원들에게 물어보고 해야 하니까요.

지　대기업 총수를 옹호하는 논리 중 하나가 그거잖아요. 큰 투자를 과감하게 결정할 수 있다. 반은 맞고, 반은 틀린 얘기일 수 있는데요.

이　지분을 많이 내놓은 사람의 입김에 휘둘리는 문제점 때문에 협동조합을 한 거 아닌가요? 제가 말씀드린 컨소시엄은 누구라도 30％

이상 투자를 못하게 하면 돼요. 한겨레가 돈이 많아요? 경향이 돈이 많아요? 그렇게 못하잖아요. 그러니까 지분을 많이 투자했다고 자기 마음대로 할 수 없습니다. 종편에 진출해야 한다고 말씀드리는 이유는 5년 뒤에 정권이 바뀌면 종편은 또 어떻게 될지 모르거든요. 예전에는 1%, 애국가 시청률이 나왔으니까 무시했었는데요. 이젠 아니거든요. 두 자릿수 시청률이 나오는 프로그램도 있어요.

그런데 대기업이 부도 직전에 몰리면 국가가 나서서 빅딜을 하기도 하잖아요. 저는 종편 4사가 이대로 가면 한두 회사는 경영난에 봉착한다고 보거든요. 그러면 딜을 할 수 있어요.

순실의 시대와
공범들

지　콘크리트 지지율이라고 했던 박근혜 지지율이 4%까지 떨어졌던 이유는 뭘까요?

이　박근혜를 믿고 뽑아준 사람들, 콘크리트 지지층은 아버지 박정희의 영향 아래 있었던 거예요. 박정희의 딸이니까 잘할 것이라는 비논리적 믿음이 있었을 겁니다. 그 다음에 동정론, 엄마, 아빠 다 잃고 불쌍하게 산 사람이란 생각도 있었을 거고요. 다음으로는 국가랑 결혼한 사람, 그러니까 얼마나 나라 사랑을 많이 하겠어, 이런 착각들이 국정농단 사태로 무너진 거죠.

박정희의 딸이라 믿었는데 무능의 극치였고, 국가랑 결혼한 줄 알았더니 최순실 밑에 들어가 있었네, 이런 실망감, 보수 입장에서 자신들의 상식이 모두 무너져버린 거예요. 믿었던 사람한테 배반당할 때 느끼는 실망감이 더 큰 법이죠. 이번 기회에 박정희에 대한 맹목적인 향수도 조금은 해체되지 않을까 싶습니다.

지　그런데 탄핵을 반대하는 입장이 20%가 넘더라고요.

이　사람은 망각의 동물이잖아요. 시간이 흐르면 지지율이 원상회복하는 것처럼. 그렇게 실망을 했는데, 지나고 나서 강한 뉴스가 계속 나오잖아요. 그런 강한 뉴스들을 보다 보니까 무뎌지는 겁니다. 어쨌든 박근혜를 싫어하는 만큼 민주당을 싫어하는 집단, 문재인을 싫어하는 집단이 있으니까요.

지　보수 꼴통 아저씨들 중에 이재명을 빨갱이라고 얘기하면서도 문재인보다 낫다고 하는 사람들이 꽤 있더라고요.(웃음)

이　노무현에 대한 혐오가 문재인으로 이어진 거예요. 깜도 안 되는 고졸 출신이 대통령이 됐는데, 그 밑에 또는 옆에 있었던 놈인 거예요. 그리고 이명박, 박근혜 정권 내내 문재인을 그런 수위로 공격했기 때문에. 종편까지 가세하니까 그게 굳어져서 신념으로 뇌에 각인된 거죠. 그러다보니 훨씬 왼쪽인 이재명 말고 문재인한테 빨갱이라고 하는 거예요. 지금은 공격할 것이 그것 밖에 없으니까, 색깔론 밖에. 문재인이 도덕적으로 문제가 있다면 그걸로 공격하는데, 그게 없으니까 일단 색깔론으로 공격하는 겁니다.

지   박근혜 대통령 시대를 훗날 사람들은 뭐라고 할까요?

이   이것은 박근혜 대통령의 시대가 아니고, 최태민, 최순실의 시대였다고 하겠죠. 박근혜 대통령은 40년 전에 자기를 세뇌시킨 최태민에게서 아직도 벗어나지 못한 거예요. 최태민의 딸은 아버지가 했던 방법 그대로 박근혜를 조종했던 것이고. 어린 나이에 부모를 잃었던 충격, 누군가한테는 의지하고 싶었고, 많은 배신을 당했기 때문에 사람을 쉽게 믿지 못하는데, 단 한 사람을 이상하게 믿은 겁니다. 그러다보니까 지금과 같은 사태가 벌어진 거고. 어떻게 보면 딸을 그렇게 만든 것은 박정희의 잘못입니다. 김재규, 김계원 이런 사람들이 끊임없이 최태민 문제를 얘기했고요. 청와대에 투서도 많이 들어왔는데, 박정희는 자기 딸이 불쌍하다고만 생각한 거죠.

지   박근혜가 단식투쟁하고 그러니까.

이   엄마 잃고, 불쌍한 것이 저럴 수 있지, 라고 생각했겠죠. 그때는 박정희의 나라잖아요. 내가 모든 것을 할 수 있으니까, 더 크게 문제가 되면 그때 가서 어떻게 해야지, 하고 생각한 것 같아요.

지   그런데 본인이 그것을 해결하지 못하고 죽었으니까.

이   그렇죠. 사실 박정희 주위에서 재혼을 권했었거든요. 우리나라 근현대사를 막후에서 흔들었다고 할 수 있는 일본의 세지마 류조라는 사람도 박정희에게 재혼을 조언했었다죠. 박정희가 그 말을 듣지 않왔던 이유는 박근혜가 반대했기 때문이에요. 박근혜 자기가 퍼스트레이디를 해야 하니까. 그런데 그걸 누가 조종했을까요? 최태민은 박근혜가 퍼스트레이디를 해야 자기가 챙길 게 많아지니까요. 결국 최태민의 나라였던 겁니다. 박근혜 시대는.

지　그 사실을 굉장히 많은 사람들이 알고 있었다는 거잖아요.

이　공식적으로 증명되지 않았을 뿐이죠. 증명되지 않은 것을 이야기하는 것은 정치 공세 밖에 안 되니까요. 박근혜는 여러 차례 절대 아니라고 하고, 천벌을 받는다는 등의 표현을 써가며 부인했어요. 그래서 그게 먹힌 것이고요. 지금 보면 박근혜 정권 초기부터 계속 불통 논란이 있었잖아요. 오직 최순실과 통했으니까 나머지와는 불통이 된 거죠.

지　남들이 못 알아듣는 얘기를 둘이서는 서로 알아듣더라고요.(웃음)

이　만기친람萬機親覽이라고 해서 임금이 온갖 일을 일일이 다 챙긴다는 말이 있는데요. 그러면 시스템이 작동하지 않아요. 결국 대통령이 만기친람을 한 것이 아니고, 최순실이 만기친람을 한 거잖아요. 정호성 비서관한테 '내일 발표해야 하는데, 선생님 말이 없냐?'고 독촉 전화까지 했다는 것을 보면요. 너무 안타까운 일입니다.

지　나라 전체가 그런 정치 지도자의 자질을 검증할 수 있는 시스템이 없었다는 거잖아요.

이　시스템은 있었지만 다들 박근혜가 무서웠던 거예요. 박근혜는 자기 말을 듣지 않는 사람을 쳐버리고, 내보내는 사람이니까요.

지　YS가 '칠푼이'라고 표현하기도 했고, JP도 '박근혜는 엄마, 아빠 얘기도 안 듣고 최태민 말만 듣는데, 방에 들어가면 나오지 않는다'고 말한 적이 있고요. 원로 정치인들은 보고 들어서 알고 있던 건데도 구체적으로 얘기를 꺼내기 어려웠다는 거잖아요.

이　김무성이 아웃되고, 유승민도 아웃되고, 전여옥도 아웃되고. 박근혜한테 대들면 어떻게 된다는 것을 박근혜가 계속 보여줬거든요. 그리고 문고리 3인방은 끝까지 감싸잖아요. 나한테 충성하면 감싸고. 그런 모습을 계속 보여줬기 때문에 아무도 입바른 소릴 못하죠. 김기춘이 올라와서 박정희 모시듯 박근혜를 모셨어요. 그 사람은 대통령의 지시를 하명이라고 하잖아요. 유신 시절 사람을 데리고 와서 그 방식으로 정치를 했으니까요. 박정희가 뭐라고 할 때, '노' 할 수 있었겠습니까? 박근혜가 뭐라고 하면 잘못된 것인지 알아도 '노'를 못하죠. 그걸 막을 수 있는 민정수석실에는 우병우가 왔네요.(웃음) 어쨌든 우병우가 최순실과 연결된 사람이잖아요. 예스맨만 주위에 앉혀버린 거죠.

지　공범들이죠.

이　'노' 하면 쫓겨나는 거예요. 유진룡 문체부 장관이 '노' 했다가 쫓겨난 거잖아요. 진영 복지부 장관이 '노' 해서 쫓겨난 거고요. 시스템이 없는 것이 아니고, 박근혜가 그렇게 만들었습니다.

잘못된 것을 아랫사람이 지적하면 항명이라고 표현하잖아요. 항명. 민주주의 시대에 항명이 어디 있습니까? 부당한 지시면 거부할 권리가 당연히 있죠. 그런데 항명 같은 왕정시대의 용어를 아직도 쓰고 있었다니, 사고방식이 아버지 시대에 머물러 있는 겁니다. 청와대에서 배운 것이 그것 밖에 없거든요.

청와대에서 나와 재단을 만들고 영남대학 이사장을 했지만 그것은 뒤에서 최태민이 조종한 거죠. 머릿속에는 과거의 기억, '청와대에 가서 이렇게 해야지' 하는 것 밖에는 없는 겁니다. 박정희의 유산들이 우리 사회에는 많이 남아 있는데, 가장 잘못된 유산은 박근혜였다고 생각합니다. 물론 그외에도 일일이 열거할 수 없을 정도로 많죠. 군사문화, 연공서열, 정경유착…. 가장 큰 것은 박근혜가 대통령이 된 거예요. 그런데 이명박은 그런 것을 다 알고 있었으면서도 자기의 안위를 위해 그렇게 한 거죠.

지 약점도 있고 하니까 컨트롤하기 쉽다고 생각했을 수도 있죠.

이 그러면 공인의 자격이 없는 거예요. 공인은 단 1%라도 공적 책무를 머릿속에 새긴 사람이 해야 하는 겁니다. 이명박이 단 1%라도 공적 책무를 느끼고 있었다면, 박근혜를 그렇게 밀지 않았겠죠. 국정원이나 기무사를 동원해서 그러지 않았을 거고요.

정치?
매우 부지런한 사람만 할 수 있는 일

지 이상적인 정치인에 관한 상이 있나요?

이 정치에 이상이 어디 있습니까? 그건 말 그대로 유토피아일 뿐이죠. 마르크스, 레닌이 얘기했던 그런 거지요. 그런데 실패하잖아요. 북한이 말하는 지상낙원이 있습니까? 정치에 이상은 없어요. 지금보다, 현실보다 조금 낫게 바꾸자고 하는 것이 정치입니다.

지 어떻게 보면 많은 것을 바꾸자고 했던 사람이 큰 폐해를 만들기도 하잖아요. 마오쩌둥의 경우도 문화혁명으로 어마어마한 희생자를 낳기도 했고요.

이 나만 옳다고 생각하는 지도자가 있기 때문에 발생하는 거예요.

나 아니어도 되지, 왜 꼭 나여야 합니까? 내 주장이 틀릴 수 있는 문제죠. 치열한 내부 토론이 필요한 것이에요. 이승만, 박정희는 나 아니면 안 된다는 생각으로 한 거잖아요. 박정희가 이승만 독재를 비판할 때 '이승만 대통령은 자기 아니면 안 된다고 생각하는 것이 가장 큰 문제'라고 쿠데타 전에 자기들끼리 한 얘기가 있어요. 그런데 자신도 그렇게 된 거잖아요. 결국 독단과 독선으로 흐를 수밖에 없는 것이죠. 지도자들은 강력한 카리스마도 필요하지만, 자기 자신을 내려놓을 줄도 알아야 합니다. 경청이란 그냥 잘 듣는 것이 아니잖아요. 내가 듣고 뭔가 액션을 취해야 경청이죠.

지　일단 다른 사람의 의견을 들었으면 그가 원하는 것을 해주든지, 못하면 못하는 이유를 얘기해주든지 해야죠. '이런 이유로 안 된다'는 얘기를 듣는 것만으로도 위안이 될 수 있고, 또는 반박할 수 있는 논리로 더 대화를 할 수도 있고요.

이　안철수가 우리 사회에 처음 등장해서 안철수 바람이 불고, 주위에 많은 사람이 몰렸잖아요. 그런데 그 사람들이 썰물처럼 빠져나갔어요. 안철수가 경청을 안 해서 그럴까요? 너무 잘 들어서 그런 거죠. 얘기하면 안철수는 다 듣는데요. 그런데 다음 액션이 없는 거예요.(웃음) 의견을 내는 사람들은 '내가 안철수한테 필요하지 않나?'라는 생각이 들 수밖에 없고, 그러면 떠나는 거죠. 다양한 리더십이 있지만, YS는 경청을 할 줄 아는 사람이었어요. 본인이 너무 가진 것이 없기 때문에, 지적 능력이 부족하니까 도움을 받은 거잖아요. 그래서 사람들이 끊임없이 주위에 있었던 겁니다. 들어주고, 액션을 취해주니까. DJ는 본인이 너무 많이 아니까 누가 지적을 하면 거기에 대해서 바로 반론을 제기했고요.

지　면박이라고 하나요?(웃음) 옳은 얘기일수록 더 상처를 받죠. 민망하고 쪽팔리니까.

이　반대로 '내가 저 사람한테 필요없구나' 하고 생각할 수 있어요. 허점이 보여야 내가 도움을 줄 텐데, 그런 것을 안 보여주거든요. 그만큼 DJ는 뛰어난 지도자였어요. 그런 것을 다 상쇄할 정도로. 노무현은 치열하게 토론도 하고, 주고받고, 자기가 잘못했으면 시인도 할 줄 알았던 사람이죠. 그런데 노무현은 너무 빨리 나왔어요, 세상에. 한 10년, 20년 뒤에 대통령이 됐으면 훨씬 좋은 대통령이 될 수 있었을 텐데요. 2002년도는 그런 문화가 통용되는 시대가 아니었다고 보거든요. 그 시대에 맞는 리더십이 필요합니다.

지　사람이 시기를 타고날 수는 없으니까, 지도자는 시대적인 상황에 맞춰가야 하지 않을까요? 만약 10년 후에 하면 잘 될 사업인데, 여건이 안 되면 전략을 바꿔서 지금 상황에 맞게 사업을 해야 하잖아요.

이　그게 이상적인 정치인데, 말이 쉽지, 어려워요. 자신이 살아온 궤적도 있고, 몇 십 년 동안 정치를 하면서 배운 것도 있고, 그것을 한꺼번에 바꾸기는 쉽지 않죠. 저 같은 경우에도 이렇게 이야기를 하지만, 제가 안가를 운영한다든가, 방송을 하면서 이렇게 가면 안 되는데, 하고 머릿속으로는 생각해도 쉽게 몸이 움직이지 않는 경우가 많아요.

지　말씀하신대로 한번 관성이 생기면 그것을 거스르기 쉽지 않긴 해요.

이　공적 의무가 있는 사람들은 그런 노력이 필요한 거죠. 좀 전에 인재 영입 얘기를 했지만, 본인이 인재 영입을 당하면 '내가 정치를 할 DNA가 있나' 스스로 판단해봤으면 좋겠어요. '부도 쌓았고, 명예도 얻었으니, 이제는 권력을 잡아봐야지', 부와 명예를 이룬 사람이 마지막으로 정치권에 들어가는데, 이런 생각으로는 절대 정치권에서 성공할 수 없습니다.

지　다른 분야에서 잘하고 있는 사람을 '이제 좀 큰 일 해봐야지' 하면 그동안의 성취는 작은 일이 되어버리니까요. 언론도 매우 중요한데, 손석희 사장한테도 '큰 일 하셔야지'라는 사람들이 있잖아요. 그런 분들이 정치권에 가서 잘하면 다행인데, 망가지면 그 동안 이룬 업적도 빛이 바래죠.

이　손석희 사장이 MBC가 망가졌을 때 JTBC를 가지 않고, 정치권의 유혹에 따라 갔으면 JTBC가 최순실의 태블릿 PC를 보도할 수 있었을까요? 정치 DNA를 살펴볼 필요가 있다는 것이 그 뜻입니다. 손석희 사장이 가장 잘하는 것은 방송이잖아요. 그런 것처럼 '내가 과연 정치를 잘할 수 있을까?'를 생각해야지, '부와 명예를 이뤘으니 정치 해야지'라는 식의 도식은 60~70년대식 사고예요. 이제는 내가 잘할 수 있는 것을 잘하는 게 더 중요한 시대입니다. 그래야 행복하잖아요. 중학교 때 제 꿈이 '야당 대변인'이라고 적었다고 했잖아요. 요즘 국회 의원들도 많이 만나보고 하는데 저는 아닌 것 같아요. 정치를 하려면 부지런해야 해요.

지   부지런하잖아요.

이   아니요. 전혀. 또 정치인은 자기 절제를 할 줄 알아야 해요. 그런 데 저는 자기 절제가 안 되는 사람이야! 무엇보다 정치인의 필수인 부 지런함이 부족해요. 또 정치를 정치공학적으로 해석하는 경향이 저한 테는 있어요. 정치공학적으로 해석하는 것도 필요하지만, 순진무구하 게 뚝심 있게 나가는 것도 중요한데, 저는 그게 안 돼요.

이작가의 정체성 :
이념은 진보, 생활은 보수

지   젊은 정치인 중에서 큰 정치인이 될 것 같다고 생각하는 사람이 있나요?

이   박주민 의원은 잘할 수 있을 것 같아요. 일단 자기의 사적 욕망은 거의 없는 사람이고, 공적 책무가 큰 사람이죠. 두 번째는 진짜 부지런한 사람이고. 타인을 위해서 일할 수 있는 사람이죠. 그런데 정치 DNA가 있는지는 의문스러워요. 정치가는 모사꾼 기질도 있어야 하고, 대의를 위해서 교활해져야 하는 부분도 있거든요.

지   민의를 수렴하여 법안을 만드는 국회의원으로서는.

이   훌륭하죠.

지 봉사하는 쪽도 그렇고. 그런데 사람들을 모아서 리더십을 발휘할 수 있을까요?

이 부족해 보이죠. 그런데 그것도 경험을 쌓으면 가능하다고 봐요. 박주민 의원이 상대 정당, 상대 정치인과도 딜을 할 수 있을까요? 아니죠. 그런데 필요해요. 악마하고도 손을 잡는 것이 정치예요. 경륜, 경험이 늘면 가능할 수도 있고. 눈여겨 볼 만한 정치인이 아닌가 싶어요.

지 보수 쪽에는 없나요? 이준석 씨 인터뷰도 했었잖아요.(웃음)

이 원희룡, 남경필, 정병국 이런 정도의 사람들이 말이 통하는 보수라고 생각하거든요. 그런데 그 사람들이 보여준 것이 없어요. 소장파를 몇 년째 하고 있는 겁니까? 한 20년간 소장파를 하고 있는 것 같은데요. 자기 정당이 잘못된 길을 가면 심하게 대거리도 할 수 있어야죠. 그런 적이 없어요. 소심하게 저항하다가 결국은 체제에 끌려가고, 순응해왔죠. 일제 강점기 때 체제 내 저항이라고 해서 독립운동에 적극적으로 나서지 않고, 일제 치하를 인정하면서 약간의 반항을 했던 사람들이 있잖아요. 그런 모습 같아서 굉장히 아쉬워요.

지 김문수 그분은 왜 오락가락 행보를 하는 걸까요?

이 김문수 지사는 전형적인 기회주의자예요. 그 시대에 노동운동을 하고 민중당을 만들고, 뭔가 될 줄 알았어요. 그런데 깨진 거죠. 그래서 욕을 먹지 않으면서 가도 될 만한 곳이 YS 정부였어요. 명분도 있고요. 그때 그 모습만 가지고 기회주의자라고 하지는 않아요. 그런데 이번 탄핵 정국에 처음에는 탄핵에 찬성하는 발언도 보여줬고, 박근혜 정부를 비판하고 반성하는 모습을 보여줬어요. 그러다가 갑자기 탄핵을 반대하고 보수 집회에 가서 강한 발언을 하고 있어요. 그건 박근혜의 지분을 자기가 갖겠다는 겁니다. 정치는 대의와 명분으로 하는데, 실리만 가지고 하는 거죠. 전형적인 기회주의자의 모습입니다. 같은 맥락에서 과연 민주당 국회의원 120명 중 새누리당에서 처음에 공천을 준다고 했으면 안 갔을 사람이 몇 명이나 될까요? 민주당에서 손을 뻗치니까, 여기 와서 진영논리에 맞춰서 활동하는 사람이 있다고 봐요. 이게 우리 정치의 가장 큰 폐단입니다. 같은 신념과 사상을 가지고 정당 활동을 하는 게 아니고, 당선을 보장해주는 당으로 가는 거잖아요. 그렇기 때문에 민주당의 스펙트럼이 좌에서 우까지 상당히 넓은 거예요. 당에서 사람을 영입할 때 살아온 궤적 같은 것, 도덕성도 당연히 봐야겠지만, 저 사람의 이념이 뭔지도 제대로 봐야 합니다. 안 그러면 가짜 진보, 사이비 진보가 될 수밖에 없죠.

지 이를테면 홍준표 지사가 민주당에 입당했으면, 지금과는 정치 행보가 달라진다?

이 완전히 달라졌겠죠. 홍준표도 고민과 번뇌 끝에 신한국당에 간 거 아닙니까? 여기 왔으면 누구 못지않은 진보적인 정치인 행세를 했겠죠. 이런 것들이 제가 항상 주장하는 자기 객관화거든요. 정치인은 자기 객관화를 할 줄 알아야 합니다. 객관적으로 나를 바라볼 수 있어야 하는데, 그게 어려운거죠. 제가 정치인들을 도와주는 콘서트도 하고, 방송활동을 하다 보니까 '공천 받으려고 저러는 거 아닌가' 하고 의심하는 사람들도 있어요. 그런데 저는 그럴 마음이 단 1그램도 없어요. 세상을 바꾸고 싶으니까, 거기에 기여하고 싶으니까 하는 거고요. 자기 객관화를 해보니까, 저는 정치 하면 안 될 사람인 거죠. 너무 확언하는 거 아니냐고요? 사람 일 모르는 거라고요? 확실히 말씀드릴 수 있는 것은 비례대표로 정당에 들어간다거나, 수도권으로 가서 보수 후보와 싸우는 일은 없을 겁니다. 만약에 정치를 한다면 저는 고향으로 갑니다.

지 하게 되면 안동으로.

이 이왕 하는 거 아무도 이루지 못한 역사를 써야죠. 대구는 김부겸 하나 나왔지만, 경북은 한 명도 없으니까요. 그리고 지방 균형 발전, 지방 경제 활성화라는 평소 신념도 가지고 있기 때문에 정치를 하면 지방에서 할 겁니다.

지 지금 우리나라 상황으로 볼 때 이작가 자신의 이념적 성향은 어느 쪽인가요?

이 굉장히 왼쪽입니다. 그런데 생활 태도는 보수예요.(웃음) 사상이나 이념, 의제, 정책, 이런 것은 사실 민주당과 맞지 않아요. 정의당과 맞죠. 그런데 생활태도, 예를 들어 가부장적인 면이 좀 남아 있다거나.

지   이념은 진보, 생활은 보수?

이   그렇게 되는 거죠. 안동이라는 곳이 워낙 보수적인 동네기 때문에 그랬을 수도 있지만… 세작이나 이박사가 농담 식으로 저보고 꼰대라고 하니까요.(웃음) 저는 진보주의자라는 말보다 합리주의자라는 말, 상식적이라는 말을 들을 때 더 기분이 좋거든요. 인터넷 게시판에 보면 제 욕도 많지만, 칭찬도 많잖아요. 그 중에서 가장 듣기 좋은 말이 '그래도 이동형 평론이 가장 합리적이고, 상식적이다'라는 거예요. '가장 진보적이다'라는 말보다.

자기 객관화
VS 자기 합리화

지   우리가 역사에서, 과거 정치인들의 행동에서 무엇을 배워야 할까요?

이   이이제이를 300회까지 하면서 매번 놀라는 게 있어요. '어떻게 지금과 이렇게 똑같지?' 늘 되풀이된다니까요. 사람 사는 세상은 지금이나 50년 전이나, 100년 전이나 별반 다르지 않아요. 사람 사이의 갈등이 있고, 그 갈등을 극복하는 구조라든가, 이념적으로 대립하는 시발점이라든가, 해결하는 과정이… 그게 사람끼리의 관계니까요. 정치도 사람이 하는 것이고요. 과거로부터 교훈을 얻는 것이 맞는데, 정치는 이념적으로 다투는 과정이기 때문에 그게 잘 안 되더라고요. 제가 경선 구도에서 욕을 얻어먹었던 것이 지지자들한테 싸우지 말라고 했다는 거예요. 우리는 분열의 트라우마가 있잖아요. 제헌의회부터 계속 야당은 분열한다는. 87년에도 그 분열 때문에 천재일우의 기회를 노태우한테 넘겨준 거고요. 그런 트라우마가 있어서 제발 좀 분열하지 말자고 했는데, 그게 안 되는 겁니다.

지 　아까 얘기했던 자기 객관화와 연결될 수 있는 것 같은데요. 가끔 TV 사극을 보면 지금과 상황이 비슷해서 공감하곤 해요. 자기가 좋아하는 정치 세력을 주인공한테 대입시키는 경우를 많이 봅니다. 이순신이 나오면 여당이나 야당이나 모두 자신을 이순신에게 투영합니다. 아무리 봐도 닮은 것이 없는데.(웃음)

이 　그건 자기 합리화죠. 자기 객관화가 아니라.

지 　박근혜도 이순신을 보면서 애국 코드만 생각하잖아요. 애민은 보지도 않고.

이 　그렇죠.

지 　자기 객관화를 잘 하려면 어떤 공부를 해야 할까요? 품성 같은 건가요?

이 　품성의 문제는 아니죠. 바둑도 훈수 두는 사람이 수를 더 잘 보잖아요.

지   객관적으로 보니까.

이   진영 논리를 타파하는 것부터 먼저 해야 합니다. 무슨 사안이 있으면 민주당의 입장은 뭐지, 새누리당의 입장은 뭐지, 하고 그들의 입장을 확인한 이후에 자기가 가야 할 논리를 세우거든요. 그게 전형적인 진영 논리잖아요. 우리 진영에 맞춰서 이야기하는 것.

지   어떤 사람을 볼 때 저 사람이 객관적으로 8점 정도 되는 것 같은데, 나와 진영이 다르다고 하면 아예 깎아내려 0점을 주잖아요. 쓰레기라고 표현을 하고. 이를테면 고종석 선생의 정치적 견해가 마음에 안 들어, 그런데 그분이 현재도 그렇고, 과거에도 좋은 문장을 썼던 사람인 것은 분명하거든요.

이   사안에 대해서 개별적으로 판단할 수 있는 능력, 개별적으로 비판할 수 있는 능력, 이런 것들이죠. 예를 들어 전형적인 진보주의자인데, 동성애를 반대할 수 있는 거잖아요. 그러면 그 부분만 개별적으로 판단해서 비판해야 하는데, 이 사람의 정체성 전체를 비판하는 게 문제예요.

지   진보주의자가 저런 걸 반대하다니, 쓰레기 같은 놈.(웃음)

이   진영 논리에서 벗어나고, 사안을 개별적으로 볼 수 있다면, 그게 자기객관화의 시발점 아닐까요? 그리고 다른 사람 말도 많이 들을 필요가 있죠. 나를 지지하지 않는 사람한테 이야기를 듣는 것도 가끔은 필요해요. 이이제이 초기에는 비판 댓글이 거의 없었어요. 다 좋은 얘기밖에 없었어요. 듣는 사람들이 많아지다 보니까 비난, 비판 댓글이 쏟아지더라고요. 제가 이박사와 세작한테 뭘 말했냐 하면 좋은 댓글은 볼 필요도 없어, 나쁜 댓글만 보라고 강조를 했었습니다. 가슴 아프더라도. 원색적인 비난은 그냥 무시하면 되는 것이고.

지　논리적인 비판은 약이 되는 부분이 있죠.

이　발음이 좋지 않다거나, 공부가 부족하다거나, 이런 것은 우리가 받아들일 수 있잖아요. 정치인도 자기 객관화를 하려면 그게 필요한 거죠. 내 지지자들, 내 주위에 있는 사람한테만 물어보지 말고. 내 친구 중에서도 반대 입장에 있는 사람이 있을 거잖아요. 그들에게 의견을 물어볼 수 있어야 해요. 스스로 끊임없이 움직이고, 연구해야죠. 그게 어려우면 제3자의 도움을 받아야 하고요.

지　정치인들의 인터뷰도 많이 하셨잖아요. 그때 어떤 점을 주목해서 접근하나요?

이　저는 현대사, 역사를 주제로 책도 쓰고, 팟캐스트도 하는 사람이기 때문에 살아온 이력에 중점을 두고 이야기합니다. 우리 국민들, 지지자들은 이 사람이 어떻게 살아왔는지 알고 지지하는 것이 아니거든요. 당장 눈에 보이는 모습을 가지고 지지하잖아요. 그걸 저는 검증하고 싶은 거예요. 어떻게 살아 왔는지. 정치인도 그런 얘기를 할 기회가 별로 없어요. 어디 가서 그런 이야기를 합니까? 그래서 저하고 인터뷰를 할 때 모두 좋아해요. 과거에 살아온 행적을 찾는 과정에서 그 사람의 정체성도 어느 정도 보이거든요. 그런 의미에서 살아온 이야기를 많이 하는 편입니다.

문재인과 이재명
사이에서

지   이재명 시장을 초기에 주목하게 된 계기가 있나요?

이   일단 이야기꺼리가 있는 인생을 살아왔잖아요. 반듯하게 엘리트로 자라면 이야기꺼리가 별로 없어요. 그런 사람은 대한민국에 많아요. 공부 잘하고 경기고, 서울대 나와서 국회의원 된 사람들. 300명 중에 250명은 그런 사람들입니다. 어떻게 보면 그들의 삶은 평범한 거예요. 대중들 사이에서는 뛰어난 사람이지만.

지   국회의원 정도 될 때까지는 엘리트의 이력이 유리하게 작용하는데요. 대통령이 될 정도의 사람은 모두 사연이 있고, 죽을 고비도 넘기고 해야 해요. 무모하게 맨땅에 헤딩도 좀 하고.

이   다 그렇게 해서 대통령이 된 사람들이잖아요. 그런 점에서 이재명은 스토리가 있는 사람이죠. 또 하나는 명쾌한 논리를 통한 언변인데요. 진보진영에서 대통령이 된 사람, 김대중, 노무현은 완벽한 논리를 갖추고, 언변이 좋은 사람이었어요. 진보는 말 잘하는 사람을 좋아하죠. 그래서 이재명 같은 사람이 인기가 있을 수밖에. 또 임기응변이 뛰어나더라고요.

저는 인터뷰할 때 사전 질문지를 주지 않아요. 단 한 번도 준 적이 없어요. 그런데 정치인들은 모두 사전 협의를 요구하죠. 이 시장은 제가 질문지가 없다고 하니까 '괜찮아'라고 하더라고요.(웃음) 제가 무슨 말을 할지 모르는데 그런 임기응변 능력, 성남시장 하면서 고엽제 단체까지 자기편으로 끌어들이는 능력, 어쨌든 민주당 출신이면서 TK를 고향으로 가지고 있다는 기반, 그래서 충분히 대통령이 될 가능성이 있다고 봤죠. 어떻게 보면 제가 장점만 본 것일 수도 있지만.

지   이런 말 자체가 이재명 시장에게 호의적이라는 해석으로 받아들여질 텐데.

이   호감이 있어요. 친하기도 하고. 그렇다고 해서 제가 이재명을 지지하는 것이 아니고, 우리는 우리 후보를 많이 만들어내고, 그 사람들의 장점을 자꾸 부각시켜주자는 겁니다. 그럼 제가 문재인과는 안 친해서 그렇게 합니까? 제가 문 대표 토크 콘서트 사회를 세 번 맡아서 진행했어요. 이 시장은 두 번 밖에 안 했고.(웃음) 문 대표가 흔들릴 때 팟캐스트에서 가장 크게 목소리를 낸 것도 저고요. 칼럼도 그렇게 썼고요.

지 그런데 문재인 대표의 일부 지지자들의 공격을 받았잖아요.

이 어쩔 수 없는 부분이 있었다고 봐요. 이 시장에 대해서 왜 비판을 하지 않느냐, 왜 검증을 하지 않느냐고 하는데요. 저는 5년 내내 정권 교체를 외쳤고 반 새누리당 입장이었기 때문에 '우리 편을 왜 검증해?' 이런 생각을 한 거죠. 그 시간에 반기문을 검증하고, 박근혜한테 욕 한 마디라도 더 해야 하니까. 그러다보니까 '이 시장을 지지하는데, 그걸 공개적으로 하지 않고, 은연중에 하는 것이 아니냐?'는 비판이 있었죠. 저로서는 동의할 수 없어요.

김영삼과 김대중의
정치 DNA

지   DJ는 공부를 엄청나게 한 사람이고 논리적인 사람이잖아요. 그게 정치지도자로서 DJ의 힘이었고요. YS는 머리는 좀 나쁘지만, 사람을 기억하거나 그 사람의 마음을 이해하는 데는 탁월한 사람이었잖아요. 사람 공부를 본능적으로 한 것 같은데요. 정치인들에게는 사람 공부가 굉장히 필요하잖아요. 나와 같이 일하는 사람이 어떤 욕망을 가지고 있고, 어떤 말을 할 때 나한테 마음을 줄 수 있는지 이런 것은 훈련으로 알기 어렵잖아요.

이   그렇죠.

지   기본적인 품성이나 내공 같은 것이니까.

이　　우리가 김영삼, 노무현을 이야기하는 것은 항상 승부사적 기질이었잖아요. 그게 계산으로 나올 수 있는 것은 아니니까. 계산하면 안 되는 거죠. 김영삼이 먼저 대통령이 되고, 김대중이 나중에 대통령이 된 것은 하늘이 내린 축복이라고 봅니다. 김대중이 먼저 대통령이 됐으면 계산하고, 좌고우면 하는 바람에 개혁 작업이 이루어지지 않았을 겁니다. 또 DJ는 반발을 생각하거든요. YS는 그게 없잖아요. 승부사적 기질로 금융실명제, 하나회 척결, 총독부 건물 해체, 이게 계산해서 나오는 것은 아니잖아요. 그런 DNA는 좀 타고나야죠. YS 같은 경우에는 자기가 가는 단골 식당의 웨이터가 결혼하는 것도 챙기는 사람이니까. 그게 공부해서 됩니까?

지　　다른 머리는 안 좋았는데, 사람을 기억하는 머리는 엄청나게 좋았다는 거네요.

이　　순발력, 승부사적 기질에다가 두려움이 없잖아요. 당시 중앙정보부장 김형욱한테 쫄지 않았던 사람은 김영삼이 유일했을 거예요.

지　　박정희 정권에서 유신을 발표할 때 YS, DJ 둘 다 해외에 있었는데, DJ는 망명했어요. 그런데 YS는 '이 새끼들 뭐야?' 하면서 귀국했다면서요.(웃음)

이　　그래서 대통령까지 갈 수 있었던 것인데, 상도동 사람들은 그런 매력에 YS와 함께 했었던 거죠. 상도동 사람들은 어쨌든 YS와 마지막까지 함께 했죠. 반면 동교동 사람들은 저쪽으로 넘어간 분들이 꽤 있죠.

지   어떻게 보면 탄압을 받았던 측면에서는 동교동이 더 컸을 텐데, 그걸 견뎌냈던 사람들이잖아요.

이   YS 가신들은 '나라도 저 사람을 도와줘야 한다'고 생각한 거예요. 그런데 DJ는 워낙 똑똑하니까, 그냥 보스 역할인 거고. YS 가신들은 'YS는 날 의지해. 믿고 있어'라고 다들 그렇게 생각했던 거죠.

지   YS에게는 나 밖에 없어.(웃음)

이   그러니까 끝까지 남아 있었던 거죠.

지   그동안 여권은 어떻게 해서든지 갈등을 봉합해 왔었잖아요. 이번 새누리당의 분열은 어떻게 가능했다고 생각하세요?

이   상상하지 못할 일이 벌어진 거예요. 보수로서 처음 창피함을 느꼈다는 보수 지지자들이 굉장히 많아요. 합리적 보수라고 불리는 분들에게도 그만큼 최순실 사태가 컸다는 거지요. 새누리당도 견딜 수 없었던 거예요. 그래서 분열한 건데요. 저는 처음에 위장 이혼이라고 생각했어요. 왜 위장 이혼이라고 봤냐면 반기문이 있었기 때문입니다. 반기문을 연결고리로 해서 다시 합칠 가능성이 상당히 높았으니까. 그런데 반기문이 빠져 버리니까, 다시 합칠 명분이 사라져버린 거죠.

지   양쪽 다 돌파구가 없으니 다시 합칠 수도 있지 않을까요?

이   지금 바른정당에서 주축이 된 사람들은 TK 이외 지역 국회의원
들이거든요. 수도권, 충청권, 그 사람들이 다시 자유한국당과 손잡으
면 다음 총선 때 힘들다고 보기 때문에⋯

지   국회의원에게 가장 중요한 것은 당선이니까요.

이   쉬운 선택이 아닐 겁니다.

2017 대선의
시대정신

지　　이번 대선을 관통할 시대정신은 뭘까요? 짧은 선거기간이 되겠지만, 대선 후보는 시대정신을 이야기해야 되잖아요.

이　　가장 큰 것은 적폐 청산이 되겠죠. 이명박 때도 그랬고, 2012년 대선 때도 사실은 정권심판론이었잖아요. 이제 그런 구호는 안 먹힐 것 같고요. 우리가 내세울 수 있는 구호를 내세워야죠. 적폐 청산은 보수쪽에서 할 수 없는 거고. 적폐 청산이 왜 중요하냐 하면 국민들이 그것을 원하고 있기 때문입니다. 잘못된 것을 바로잡아 달라는 거잖아요.

두 번째는 결국 먹고 사는 문제죠. 너무 힘들잖아요. 먹고 사는 문제를 간결하고 함축적으로 국민들에게 전할 수 있도록 어젠다와 메시지를 어떻게 만드느냐, 그건 민주당이 해야 할 일이죠. 문대표가 이야기 했던 소득 주도 성장, 그런데 이건 와 닿지 않아요. 소득 주도 성장이 뭔지. 그런 표현은 새롭게 다듬을 필요가 있어요.

지   아까 말씀하신 것처럼 그건 참모나 캠프의 문제 아닌가요? 지난 대선 때 손학규 캠프처럼 '저녁이 있는 삶' 같은 것을 만들어내지 못하잖아요. 슬로건이라는 것은 한빈 들으면 바로 와 닿아야 하는데.

이   경제 민주화는 이미 써먹은 것이고, 소득 주도 성장은 가슴에 와 닿지가 않고요. 그것을 일반 국민들에게 확 꽂히게 짧고 강렬하게 만 들어야 합니다. 그 간결함에 여러 가지를 함축해야죠. 취업률을 획기 적으로 높인다거나, 국민소득을 늘린다거나, 이런 것이 다 들어가야 할 겁니다. 재벌개혁 같은 것도, 이것을 어떻게 함축적으로 할 것이 냐가 문제죠.

지   이번 민주당 경선 과정이 우리의 소중한 자산들을 많이 훼손할 거라고 생각하세요?

이   저는 그렇게 봅니다. 대통령 후보 경선 과정에서 어쩔 수 없는 현상이라고는 하지만요. 이번만큼 훌륭한 후보들이 경쟁한 적이 없었 거든요.

지   문재인, 이재명, 안희정, 박원순은 판타스틱 포였죠.

이 　2007년에는 정동영, 손학규가 있었잖아요. 이해찬도 있었지만. 그때보다 얼마나 좋아요? 그런데 거기서 이전투구의 모습을 보이면 안 돼요. 왜 우리의 자산인 사람을 우리가 그렇게 깎아내립니까? 나중에 이 사람들이 더 성장하는 데 걸림돌이 된다니까요. 결국은 반대쪽에서 이번에 우리가 공격했던 것을 다시 끄집어내서 공격할 거예요. 그런 논리를 우리가 제공한 셈이 됐잖아요.

지 　종북이라는 단어도 진보 진영 내부의 싸움 때문에 나온 얘긴데, 저쪽에서 가져가서 잘 써먹었잖아요.(웃음)

이 　사실 서로 견제하고 비판하는 것은 좋아요. 그렇지만 넘지 말아야 할 선을 넘으면 감정싸움으로 변질되거든요. 그러면 힐러리와 샌더스 꼴이 나는 거죠. 샌더스 지지자들 중 많은 사람들이 투표장에 가지 않았습니다. 트럼프를 찍을 수는 없어도 힐러리도 못 찍겠다는 거죠. 지금도 마찬가지입니다. 안희정, 이재명이 되면 문재인 대표 지지자들이 투표장에 갈까요? 그 반대의 경우도 마찬가지고요. 세게 붙으면 그런 후유증이 있습니다.

지 　우리 사회가 어떤 방향으로 나아가야 할까요?

이 　저는 좌파나 빨갱이란 소리도 듣곤 하지만요. 저는 상식적인 사회를 꿈꾸는 사람입니다. 도둑질 하면 잡혀간다는 것은 상식적인 거잖아요. 국가의 녹을 먹는 공무원이 국민을 위하지 않고, 자기 보스를 위하면 안 되는 거잖아요. 보편타당하고 상식적인 사회가 됐으면 좋겠어요. 지금 태극기 집회에 나와서 왜 성조기를 흔들어요? 박근혜 탄핵과 성조기가 무슨 상관입니까? 왜 계엄령을 외치고 '군대여 일어나라'는 팻말이 보이죠? 말도 안 되는 소리로 군부 쿠데타를 부추기잖아요. 저런 사람들과 어떻게 생활합니까? 비상식적이잖아요. 제가 꿈꾸는 것은 유토피아가 아니고, 상식적인 사회입니다.

지   세대간의 갈등이 상당히 중요한 사회적인 문제였는데요. 이번에 더 깊어졌을 것 같습니다.

이   지역주의는 과거보다 많이 극복됐다고 생각하고요. 특히 이번 선거에서는 지역주의가 중요한 이슈로 부각되지 않을 거라 생각해요. 세대간의 갈등은 앞으로 더 깊어질 것 같아요. 하지만 굉장히 자연스러운 현상이라고 봐요. 우리만 겪고 있는 것도 아니고, 브렉시트에서도 봤지만, 세대 투표는 영국도 겪고 있는 문제죠. 미국도 마찬가지예요. 이걸 인위적으로 바꿀 수 없는데, 우리의 경우 왜 좀 더 심각하게 보냐 하면 세대간의 대화가 단절되어 있기 때문입니다. 가부장적이고 권위적인 사회에 오랫동안 길들여져 있기 때문에 나이 드신 분들이 젊은이들의 생각을 무시하는 경향이 있죠. '너희가 뭘 알아?' 하고. 그래도 이제는 조금씩 우리 사회가 대화를 시작하고 있다고 생각해요.

지   아버지들도 딸과 뭔가 얘기를 하니까요.

이   친구 같은 아빠가 되어 가는 세대이기 때문에, 한 세대가 지나면 세대간의 갈등은 조금씩 줄어들지 않을까요? 이것을 인위적으로 바꿀 수 없으니까 시간이 흘러야겠죠. 정치가 이걸 바꾸려는 노력을 할 수 있습니다. 예를 들어 손학규가 내세웠던 '저녁이 있는 삶'. 그렇게 되면 집에서 대화를 많이 하겠죠. 우리 아버지 세대는 새벽 별 보고 나갔다가 한밤중까지 일하거나 회식하는 걸 가장이 당연히 해야 할 일이라고 생각했잖아요. 이제 북유럽처럼 퇴근 시간 지키고, 가족과 함께 저녁을 보내는 게 일의 능률을 올릴 수 있다고 생각하는 사람이 많아지면, 그리고 기업도 그렇게 생각하게 되면 세대 간의 갈등도 점차 줄어들지 않을까요?

나는
이동형이다

지 이작가는 인터뷰 끝에 꼭 이걸 물어보시던데요. 이동형의 꿈은 무엇입니까?

이 오늘에 충실하자는 겁니다. 그리고 삶을 즐기자. 또 자식한테 올인하지 말자. 자신의 삶이 행복해야 내 자식도 행복한 것 아닌가요? 열심히 돈 벌어서 왜 자식한테만 써요? 그런 멍청한 짓을 왜 해요? 날 위해 써야지, 돈 벌어서 날 위해서 해외여행도 가고, 날 위해서 운동도 하러 다녀야 해요. 오늘에 충실한 삶, 그 중심에 나 자신이 있는 겁니다. 자기애가 너무 강하면 나르시시즘에 빠질 수도 있지만, 우리는 너무 타인을 의식하고 비교하며 살잖아요. 집도 30평 이상 아파트에서 살아야 하고.

자기애가 강하면 그렇게 하지 않잖아요. 자녀교육도 마찬가지예요. 다른 집 애들 다 하는데, 우리 애만 안 하면 안 되니까. 남들 보기에 좋은 대학, 좋은 직장 보내려고 아등바등 하잖아요. 스스로 자존감도 높이고, 남의 눈치 안 보고 살 필요도 있는 거지요. 그러려면 오늘의 삶을 충실하게 살아야 합니다. 그리고 자기 중심으로 생각하세요. 어차피 인생 한번이잖아요.

지   롤모델 같은 것은 없겠네요.

이   그런 거 없어요.

지   나는 이동형이다?(웃음)

이   존경하는 사람은 DJ지만, 저는 그렇게 살라면 못 살아요. 억만금을 줘도 그렇게는 못살아요.

지   꿈을 여쭤보는 이유도 꿈이 있어야 어떤 동력이 생긴다고 생각해서거든요.

이   단기적인 꿈은 있죠. 5년 전의 제 꿈은 정권교체였어요. 5년 동안 여러 가지 활동을 했고, 그건 이룰 것 같아요. 그 외에 앞으로 뭘 할지, 예를 들어 몇 년 안에 집을 사고 싶다든가, 이런 것은 전혀 없어요. 요즘 들어서 안 늙고 싶다는 생각은 있어요. 그게 꿈이라면 꿈이겠죠.

지   박근혜처럼 의학의 힘을 빌려서?(웃음)

이   하하. 제가 요즘 늙어가는 것이 느껴지더라고요. 흰 머리도 나고. 술을 먹어도 옛날에는 그냥 먹었는데, 요즘은 걱정을 하면서 마시죠. 이거 나중에 큰 일 나는 것 아닌가, 하고.

지   지금까지 살면서 후회되는 순간은?

이   어차피 한번 사는 인생이고, 즐길 수 있을 때 즐기자는 주의입니다. 결혼 전에 놀만큼 놀았다고 생각하거든요. 학생 시절에도 공부 안 하고 놀만큼 놀았고요. 그래도 학창시절에, 결혼 전에 더 놀 걸 그랬다고 후회해요.(웃음) 자기가 하고 싶은 일을 하면서 놀 때 놀고, 자신을 위해 투자하고, 남을 도와주면서 자기만족도 느끼고.
저는 사실 안가 직원들의 복지를 마련해주려고 노력을 많이 합니다. 다른 비슷한 회사보다 월급을 조금 더 주려고 노력합니다. 보너스도 좀 더 챙겨주려고 하고요. 지금 만든 미르라는 회사, 따로 차린 회사에 어느 정도 돈이 쌓여 있어요. 내 돈인데, 내 회사인데, 제가 가져와도 되죠. 그런데 그걸 안 가져가고 그냥 놔둔 이유는 그 회사가 제대로 운영이 안 됐을 때 직원들한테 뭔가 해줄 수 있도록 쌓아놓은 겁니다. 제가 착한 CEO가 아니라 결국 자기 만족입니다. 내가 착한 CEO라는 자기 만족인거죠.(웃음)

지   공동체도 꿈을 꿔야 사회가 좋은 방향으로 변할 수 있잖아요. 지금 시점에서 대한민국은 어떤 꿈을 꿔야 할까요?

이 지금 젊은 세대, 2030세대라고 할까요? 부모 세대보다 못 사는 세대가 될 확률이 높아요. 부모 세대는 고성장 시대의 열매를 따먹었잖아요. 집도 사고, 자산도 어느 정도 모을 수 있던 세대예요. 지금 젊은 세대는 10년, 20년 노력해도 집 사기 어려운 구조예요. 그래서 후손을 위한 삶을 준비해야죠. 국민연금 같은 경우에도 고갈될 것이 뻔히 보이잖아요. 지금의 40대까지는 큰 문제가 없겠지만 그 다음 세대는 어떻게 하죠? 이런 것은 우리 공동체 전체가 준비해야 합니다.

정권 교체를 하더라도 무엇보다 좋은 일자리를 많이 만들어내고… 그게 후손들을 먹여 살리는 일이잖아요. 그게 가장 시급한 과제입니다. 그렇게 하려면 정부만 노력해서 되는 것은 아니거든요. 기업도 같이 노력해야죠. 사회적 합의도 이끌어내야 하고.

지금은 예전처럼 절대적 빈곤이 문제가 아니라 상대적 빈곤, 양극화 같은 게 문제예요. 그 격차를 해소하기 위한 정책과 큰 그림을 그려야 해요. 삶의 질을 높이는 방향으로 정책을 바꿔야죠. 질 낮은 일자리 많이 만들어봤자 소용없습니다.

지 눈높이를 낮추라고 하잖아요.

이 개소리죠. 자기 자식한테는 그런 소리 못 할 거면서.

우리가 무관심할 때
괴물은 깨어난다

2016. 03. 06

정치에 참여하길 거부함으로써
받는 벌 중 하나는 자신보다 못한 사람의 지배를
받는다는 것이다.

플라톤

기회주의자들을 위한
데스 노트 Death Note

지승호(이하 지) 《와주테이[3]의 박쥐들》을 통해 한국 정치사의 대권 후보 등 유력한 인물들의 변절과 기회주의 이력을 기록으로 남겼잖아요. 후보 10명을 고르는 데 고민을 많이 했을 것 같은데요. 인터넷 댓글을 보면 '이런 사람도 들어가야 하는 거 아니냐'고 하면서 의견도 주고받고.

이동형(이하 이) 변절과 기회주의자들의 대표성을 띠는 사람들이 누구

---

3 가마쿠라 막부 말기에 비만 오면 물이 넘치는 저지대에 사는 농민들을 위해 인공 제방을 쌓았는데 이것을 와주테이(わ-じゅう·輪中)라 불렀다. 벚꽃축제로 유명한 여의도에 '윤중로'라는 도로명도 이와 같은 한자다. 와주테이의 박쥐란 기회주의와 변절로 점철된 여의도 정치인을 가리킨다.

냐를 찾아봤던 거고요. 일단 많은 분들이 잘 모르는 사람들을 골랐어요. 그들의 현재 모습을 살펴보면 과거 활동이 과대포장된 것이 아닌가 하는 의구심이 들어요. 김문수 같은 경우도 학생운동, 노동운동 투쟁의 대부로 알려졌던 사람이고요. 홍준표 경남 도지사도 1990년대 화제의 드라마 〈모래시계〉의 주인공 강우석 검사의 실제 모델로 알려졌지요. 그런 부분만이 전부가 아니라는 것을 알려주고 싶었고요. 어띤 면에서는 공분을 일으키는 사람을 자극할 필요가 있겠다 싶었습니다. 전여옥 같은 경우는 야당 성향의 지지자들한테 공분을 샀잖아요. 그런 것들을 지적하면서 카타르시스를 느끼게 하고 싶었던 면이 있어요. 심재철(자유한국당 국회의원, 국회부의장)도 그런 식으로 들어갔던 거고요.

지　김문수, 이재오, 심재철, 신지호, 손학규, 홍준표, 전여옥, 김진표, 홍정욱, 변희재, 10명을 꼽으셨는데요. 지금 시점에서 추가되어야 할 인물이 있다면 어떤 분들이 있을까요? 김진태 의원 같은 경우는…(웃음)

이　확실히 들어가야 할 것 같은데, 와주테이의 박쥐들은 시기가 그래서 그랬는지는 모르겠지만, 그 책에 들어갔던 사람들이 어쨌든 지금 시점에서 모두 결과가 좋지 않았어요. 그래서 이작가의 데스 노트라는 말도 있었는데요. 과거에는 언론이 제공하는 정보만 일방적으로 흡수하는 방식이었다면 이제는 지지자들끼리 SNS를 통해 급속도로

서로 정보를 공유하고, 그 사람의 과거를 인터넷에서 손가락질 몇 번
으로 쉽게 찾아볼 수 있잖아요. 그런 방식으로 지지자들이 많은 정보
를 알게 됨으로써 정치인들의 말에 현혹되지 않고, 그 행동과 진심을
볼 수 있게 된 거죠. 그래서 와주테이의 박쥐들 같은 사람들이 현재
좋지 않은 모습이지 않나 싶어요.

지　전여옥 같은 경우는 최순실 게이트를 통해서 살아났잖아요.

이　그게 제가 표현한 기회주의적 처신이죠. 전여옥은 박근혜 대통
령 만들기에 보탬을 준 사람이잖아요. 누구보다도 박근혜 옆에 있었
던 사람이잖아요. 이명박한테 붙었다가 박근혜한테 붙었다가 그랬잖
아요. 정치인은 그래서는 안 된다는 겁니다. 처음에는 정몽준한테 붙
기도 했었죠.

지　대부분 현재 여당 계열의 사람들인데, 민주당 쪽에서는 김진표
씨가 들어갔네요.

이　지금의 김진표와 그때 김진표는 다르다고 할 수 있겠지만, 그때
의 김진표가 과연 민주당 성향에 맞는 것이냐, 이 사람은 보수성향의
사람이 아닌가, 만일 새누리당에서 공천을 준다고 했으면 그쪽으로
갈 사람이 아닌가라는 생각이 좀 들었거든요. 그리고 참여정부에서
했던 경제 정책이 진보적 경제 정책이었을까, 과연 서민을 위한 경제
정책이었을까 하는 회의가 많이 들었고요. 당의 정체성과 맞지 않다

고 생각했습니다. 그럼에도 불구하고 계속 경제 정책으로 갈등을 일으켰기 때문에 지적한 거죠. 저는 자기 정체성에 맞는 당을 찾아가는 게 맞다고 봐요. 지금 민주당에서 보수 쪽 정당에 어울리는 이념을 갖고 있는 사람이 많이 있잖아요. 마찬가지입니다. 보수 쪽에서도 민주당의 이념을 가지고 있는 사람이 있어요. 자신이 몸담을 정당을 선택하는 기준은 이념적 성향이 되어야 하는데 그렇지 않아요. 오로지 자신에게 공천을 줄 사람이 있는 곳, 혹은 당선 가능성이 높은 곳, 그걸 찾아가다 보니까 자기 정체성과 맞지 않는 곳에 있는 거죠.

지 많은 사람들이 김문수 씨에 대해서 얘기하잖아요. 김문수가 과거 어느 시점에서 죽었으면 전태일 같은 대접을 받을 수도 있었을 것이라고요. 하지만 지금에 와서 자기 젊었을 때 잘못 생각했던 것 같다고 하면서 입장을 바꾼 셈인데요. 이재오 씨와는 태도가 완전히 달랐잖아요. 이재오 씨는 '아예 나는 그런 생각을 한 적이 없다'고 했는데, 위악적인 태도 같기도 하거든요. 한 사람이 다섯 번에 걸쳐서 10년 가까이 징역을 살았는데, 아무 생각 없이 그랬다고 하는 것은 믿기 어려운데요. 이재오 같은 사람의 변절 이유는 뭐라고 생각하세요?
이 나중에 자신이 변절했던 이유를 이야기하는 것이 자신한테는 어려움과 고통 그 자체죠. 그러다보니까 변명을 끼워 맞추는 것이고요. 몇 십 년 동안 감옥에 있고, 그런 사람이 변절한다는 것은 그만큼 논리적으로 쉽게 이해할 수 없잖아요. 그러다보니 그런 변명이 나오는 것이고, 저는 그것도 기회주의적 행태라고 봅니다.

지   그런 정도의 신념을….

이   신념이라는 것을 쉽게 바꿀 수 있나요? 그러면 그때 노동운동과 학생운동을 했던 것은 자기가 하나의 훈장을 달려고 했던 것 아닌가, 세상이 달라지면 한 자리 하려고 말입니다. 그런 생각 밖에 할 수가 없는 거죠.

지   심재철 씨 같은 경우도 마찬가지일 것 같은데요.

이   그러니까 세 사람 다 비슷한 것 아닌가요? 과거에 열심히 했던 일에 대한 신념을 바꿨으니까요. 김문수 자서전을 보면, 양반 집안 가문의 자손이었고, 그걸 자랑스럽게 생각하고, 소위 말하는 명문고, 명문대학에 간 것을 자랑스럽게 생각하거든요. 결국 자신이 노동 현장에 뛰어든 것은 선민의식⁴을 가지고 있었던 것이 아닌가 하는 생각이 들어요. 그렇게 자기 혈통을 생각하고, 명문학벌 출신임을 자랑스러워하는 사람이 서민들과 같이 노동운동을 할 수 있었겠어요? 이 사람

---

4   選民意識, 자신은 선택받은 사람(민족)으로서 그렇지 않은 사람들과 집단에 대해 갖는 일종의 우월감과 사명감. 대표적으로 유대교의 이스라엘 선민의식이다. 어느 사회에나 자신이 소속된 특정 집단은 선택된 자들로서 우월감을 갖고 사회에 대한 책임감을 드러낸다. 이런 선민의식은 차별의식을 낳을 수 있기 때문에 결과적으로 사회의 갈등과 긴장관계를 초래할 수 있다.

들을 교화시켜야겠다, 좀 더 세게 말하면 민중은 개돼지라고 생각했던 것이 아닌가 하는 의구심이 듭니다. 그래서 이리저리 붙었다 하는 박쥐가 아니고, 뭐냐는 거예요. 최근에 박근혜 탄핵 정국에서 그것을 극명하게 보여주잖아요. 맨 처음에는 박근혜 탄핵에 찬성했다가 어쨌든 샤이 박근혜들이 떠오르니까 그 포지션이라도 내가 잡아야 정치적으로 살 수 있겠다고 생각한 거잖아요.

민약에 대구에서 이번에 김문수가 당선됐다면 과연 지금 그 스탠스를 유지할 수 있을까요? 그건 아니라고 생각하거든요. 그때마다 처신을 달리하는 모습이 박쥐 같죠.

지   심재철 씨가 주도한 1980년 5월 서울역 회군[5]이 역사의 큰 물줄기를 바꾼 사건이라고 평가되는데요. 만약 그것이 아니었다면 광주에서 5.18 같은 일도 벌어지지 않았을까요?

이   서울역 회군이 역사적 판단 착오라고는 하지만, 리더의 판단 착오에 대해 몇 십 년이 지난 지금 잘못했다고 몰아붙이는 것은 옳지 않다고 봐요. 제가 심재철을 강하게 비판했던 부분은 서울역 회군이 아

---

5 박정희 대통령 서거 후 1980년 5월 민주화 요구 시위가 대학가 중심으로 일어났는데, 5월 15일 서울역 집회에는 10만 여 명 이상의 대학생과 시민들이 모여 조속한 시일 내에 계엄을 해제하고 민주화 추진을 요구했다. 이날 밤늦게까지 계속된 시위에서 학생 지도부에 참여한 심재철(서울대 총학생회장)은 군대 개입과 쿠데타의 빌미를 줄 수 있다는 이유로 퇴각을 주장했고, 결국 시위대는 안전 귀가를 보장받고 자진해산했다. 이때 심재철은 해산을 발표했다.

닙니다. 리더로서 틀릴 수도 있죠. 항상 옳을 수 있는 것은 아니니까. 그 이후에 김대중 내란 사건 때 보여준 변절이 문제죠. 모진 고문을 당하고 변절을 할 수도 있어요. 고문을 못 이겨서 거짓 자백을 할 수도 있어요. 수많은 사람들이 고문 때문에 허위 자백을 했으니까. 하지만 그 사람들은 법정에서 진실을 얘기했다고요.

그런데 심재철은 끝까지 재판정에서 거짓말을 했잖아요. 그리고 이상하게 선생님이 되고, MBC 기자가 되고⋯ 사상범 전력이 있는 사람이 어떻게 그렇게 됩니까? 신기하잖아요. 그래서 뭔가 딜이 있었던 것이 아닌가 하고 추측하는 겁니다. 그리고 나서 결국은 극우정당인 자유한국당에 몸을 담고 있잖아요(심재철은 2000년 16대 국회의원 선거에서 한나라당 후보로 당선되었다). 저는 서울역 회군을 가지고 비판하고 싶지는 않아요. 그 이후에 했던 기회주의적인 모습들을 비판하는 것이죠.

지   거기 손학규 씨도 들어갔어요. 본인은 여기에 끼었다는 것을 억울하게 생각할 수도 있을 것 같은데요.

이   학자로서는 훌륭했을지는 모르겠지만, 정치인으로서는 아닌 것 같아요. 지금까지 보여준 모습도 그렇고, 정계 은퇴를 했을 때 모습도 그렇고요. 계속해서 눈치를 보고, 소위 말하는 간을 보고 있잖아요. 리더는 그러면 안 되죠. 리더는 이끌어갈 수 있어야 합니다. 내가 이 길을 가서 손해를 본다는 생각이 들어도 가야 하거든요. 그런데 손학규는 그런 모습을 보여준 적이 없어요.

지 계속 타이밍을 놓치고, 눈치를 보는 듯한 것 자체가 리더로서 자질이 없다는 거네요.

이 그렇죠. 그렇게 운동권 사람들로부터 박수를 받았던 스승이 정치권으로 들어갔으면 뭔가 개혁적인 모습을 보여줬어야 하잖아요. 그런데 언제 손학규가 신한국당에 들어가서 자기보다 위에 있는 사람들한테 대거리하는 모습을 보인 적 있습니까? 한 번도 없거든요. 그리고 아무리 정치적인 상대방이라고 하더라도 할 수 있는 얘기가 있고, 해서는 안 되는 얘기가 있잖아요. 어쨌든 손학규는 재야 진영에 있던 사람인데, 노무현 대통령에게 경제를 포기한 대통령이라고 '경포대' 발언이나 하고, 김대중 저격수 노릇이나 하고, 만약에 그렇게 했으면 보수 쪽에 계속 있어야죠. 다시 이쪽으로 넘어오는 것은 뭐냐는 거예요. 만일 그때 손학규가 한나라당 경선에서 이길 가능성이 있었으면 절대 이쪽으로 넘어오지 않습니다. 이길 가능성이 10%도 안 되기 때문에 넘어온 거잖아요. 사실 넘어온 것도 그렇게 나쁘다고 볼 수는 없는데, 어쨌든 여러 가지 이유로 정계 은퇴를 했잖아요. 자신이 정말 정계 은퇴를 할 생각이 있었을까, 아니면 어떤 계산이 있었을까? 유시민 작가의 말처럼 정말 정계 은퇴를 할 생각이 있었다면 서울에 있었어야죠. 왜 강진 만덕산으로 내려갑니까? 또 그걸 본인이 즐겼던 것은 아닌가 싶어요. 정말 자기가 야권의 자산이고, 정권 교체를 역설하는 사람이라면 2016년 총선에서 민주당이 어려움에 빠졌을 때 도와줬어야죠. 그런데 그 사람은 야당이 100% 진다고 봤을 거예요.

지 만약 이긴다고 봤으면?

이 도와줬겠죠. 자기 지분을 찾으려고. 진다고 생각했기 때문에 자기가 그 뒷일을 노린 거죠. 그렇게 간 보니까 아무 것도 안 되는 거 아닌가요?

지 변희재 씨도 와주테이의 박쥐들에 포함되었는데, 그렇게 거물인가요?(웃음)

이 그래서 한 장으로 썼어요. 사실 그렇게 얇은 책도 아닌데, 제가 굉장히 열정적으로 디스하는 식으로 썼잖아요. 저는 글 쓸 때 절대 어려운 말을 쓰지 않는다는 원칙이 있거든요. 저는 글쟁이는 그렇게 어려운 말로 쓰면 안 된다고 봐요. 유식한 말을 쓰려거든 자기 혼자 일기를 써야지, 대중들에게 읽으라고 주면 안 됩니다. 전문가를 위한 책이라면 모르겠지만, 대중을 위한 책은 대중의 언어로 써야 한다는 게 제 신념입니다. 그런데 그렇게 쓰다 보면 저잣거리 언어처럼 비춰질 수 있거든요. 그래서 중간에 한번 넣어봤다고 해야 할까요?(웃음)

지 약간은 조롱의 느낌도 있는 것 같습니다. 먹이를 주지 마세요, 그런…(웃음)

이 100% 조롱 맞습니다. 어떤 분들은 제가 팟캐스트 이이제이에서도 그렇고, 책에서도 그렇고, 조롱을 너무 많이 한다고 비판하는 분들도 있던데요. 조롱이나 풍자는 지식인의 특권이라고 생각합니다. 지식인한테 조롱과 풍자가 없으면 뭘 먹고 삽니까?

지　사회적 약자도 아니고, 그만큼의 지분을 가지고 자기 주장을 하는 사람들이니까.

이　바로 그거죠. 약자들에게 조롱을 해대면 쓰레기가 되지만, 권력을 가진 사람, 어느 정도 힘이 있는 사람은 당연히 조롱받아야 하고, 풍자의 대상이 될 수 있는 거예요.

지　자신들도 그렇게 하니까.

이　그렇죠. 그래서 저도 조롱받잖아요.

끝나지 않은 역사,
친일의 후예들

지 저도 책을 보고 처음 알았는데요. 와주테이가 윤중제, 인공제방이라는 뜻이던데요. 윤중로라는 말 자체가 일제에 대한 향수 아닌가요? 여의도가 한국 정치의 중심인데, 그동안 그걸 바꾸자는 얘기가 왜 안 나왔을까요? 일제 잔재를 청산하고, 용어를 바꾸자는 운동들도 많았었는데요.

이 윤중로라는 말을 몰랐을 거예요. 그냥 한자어라고 생각했을 겁니다. 한번 논란이 된 적이 있어요. 지금은 국회에 사랑재라는 곳이 있어요. 원래 윤중재로 하려고 했거든요. 그런데 시민단체가 나서서 일제 잔재 용어를 쓰면 안 된다고 해서 사랑재로 바꾼 것 같아요. 우리가 오랫동안 윤중로라고 부르고 벚꽃 축제를 윤중제라고 했었잖아요. 그러다보니까 입에 익어버렸는데요. 윤중이라는 말은 한자에도 없는 말이고, 우리말에도 없습니다. 일본말을 그대로 가져오다보니까 그렇게 된 거죠.

박정희 혹은 대한민국 건국의 기반을 마련했던 사람들이 대부분 친일 장교 출신, 친일 경찰 출신, 친일 관료 출신이다 보니까 자연스럽게 그걸 차용하지 않았나 싶어요. 36년 간 일제 강점기였고 일제 잔재를 제대로 청산하지 못한 탓이죠. 지금이라도 바꿔야 합니다. 제가 《와주테이의 박쥐들》을 쓴 것은 하필이면 그게 국회의사당 옆에 있는 길이라는 거죠. 윤중이란 이름도 바꾸고, 국회도 좀 바꿔보자는 의미에서 그런 제목을 붙였습니다.

지 그동안 친일파와 그의 후손들이 계속 잘 살고, 독립운동가의 자손은 못 사는 현실에 대한 문제의식과 연결되는 거잖아요. 변절과 기회주의의 역사를 청산해야 미래가 있다고 생각해서 쓰신 걸 텐데요. 그러기 위해서는 무엇부터 시작해야 할까요?

이 요즘 친일 이야기를 하면 다 끝난 이야기가 아니냐고 합니다. 김대중, 노무현 정부 때 과거사 정리위원회를 만들어서 다 없앴는데, 왜 또 이야기를 꺼내냐고 하거든요. 그런데 대한민국만큼 오랫동안 피지배 역사를 가진 나라가 있습니까? 없잖아요. 그리고 대한민국만큼 매국노들을 처단하지 않은 나라도 없어요. 그 후손들이 잘 먹고 잘 살아서 지금 엘리트 계층에 올라갔잖아요. 그러면 일단은 진실을 알리는 것이 중요하다, 처벌은 불가능하다고 할지라도 이런 사람들이 친일을 했고, 그 후손들이 이렇게 살고 있다고 알려야죠. 연좌제로 그 사람들을 쫓아내자는 게 아닙니다. 다만 그 사람들이 자기 조상들이 일제에 부역한 역사를 반성할 줄 알아야 하는 거잖아요.

KBS 이사장 이인호 씨 같은 경우 그렇게 합니까? 정반대로 행동하고 있지, 이번에 배우 강동원 외증조부 이종만 논란이 있었지만, 연예인한테 그런 논란을 덧씌우지 말고, 정치인들한테, 혹은 고위공직자들한테 그런 논란을 씌워서 토론하게 만들자는 겁니다. 우리는 연예인만 잘못하면 난리를 쳐요.(웃음) 왜 연예인한테만 도덕성을 요구하느냐고요. 그런 문제부터 아직도 제대로 풀지 못하고 있다는 거예요. 대통령 했던 사람도 친일파의 자손이잖아요. 여당의 대표였던 김무성의 아버지도 친일파였잖아요. 그런데 이게 끝난 이야기입니까? 끝난 이야기가 아니지.

그런 사람들이 속닥속닥해서 만든 것이 한일위안부 합의잖아요. 아직도 우리는 친일 잔재에서 벗어나지 못했어요. 그로부터 시작해야 되는 거죠. 반성부터, 후손들의 반성부터 시작해야 합니다. 박근혜 대통령이, 김무성 전 대표가 한 번이라도 자기 아버지의 친일에 대해서 반성한 적 있습니까? 반성하는 모습을 보여주면 사람들이 더 박수를 칩니다. 그런데 인정하지 않으려고 하잖아요. 그러니까 그 얘기를 계속 꺼낼 수밖에 없는 거죠.

지　친일파 재산 환수에 대해서는 어떻게 생각하세요? 친일파 후손들도 자기 땅을 찾자고 소송을 하고 그러잖아요.

이　현재 법으로는 안 되는 거니까, 특별법으로 할 수 밖에 없는데요. 한번 했었잖아요. 그런데 또 다시 그걸 한다는 것은 사회적 혼란도 있을 수 있고요. 저는 그보다 먼저 기록으로 남기는 것이 중요하다고 생각합니다. 어떤 기록으로 남길 것이냐, 지금은 친일인명사전 같은 걸 국기에서 하는 것이 아니고, 시민단체 주도로 만들잖아요. 그런데 국가가 나서서 정식으로 만들 필요가 있다고 생각하거든요. 지금까지는 기득권 세력의 저항으로 그게 안 됐습니다. 그런데 그런 기득권 세력들의 저항을 이길 수 있어야 하는 거죠. 그게 민족정기의 시작이고, 거꾸로 가는 사회, 잘못 가는 사회를 바로잡는 겁니다. 최소한 자신들의 조상이 친일을 한 것을 반성하지 않는 사람은 공직에 올라서는 안 된다, 정치를 해서는 안 된다는 것이죠.

그게 안 되니까 저희 같은 사람들이 기록으로 남기고, 방송으로 읊어주고, 사람들이 알게 하는 겁니다. 박근혜 정부 들어와서 가장 중요한 것이 적폐 청산이고, 정의를 세우는 것이라고 하잖아요. 그런데 뿌리가 다 썩었는데, 중간에 수액만 놓으면 나무가 살아납니까?

지　위안부 협상 문제는 어떻게 해야 하나요? 한번 협상한 것은 나라 간의 약속이니까 바꾸기 어렵다고 얘기하는 사람들도 있잖아요.

이　이게 조약이 아니거든요. 합의일 뿐이에요. 이건 문제없어요. 조약이면 말이 달라지지만. 어떻게 이루어진 합의인지 우리가 잘 모르니까 정보 공개를 하라고 했는데, 안 들어주는 거잖아요. 일단은 정권을 바꿔서 그때 어떤 합의가 있었는지, 진실부터 알고, 그 다음에 합의를 파기한다든가 해야겠죠. 돈은 당연히 돌려줘야 하고요. 어떻게 이루어진 것인지 모른 채 무작정 파기하자고 하는 것도 문제니까요. 조약은 아니더라도 국제사회, 일본과의 약속이었으니까 그것을 뒤집으려면 명분이 있어야 하거든요. 그 명분을 이면 합의에서 찾을 수 있는 것이고요.

아니면 책임을 일본에 떠넘길 수 있죠. 우리가 합의를 파기한 것은 당신들이 약속을 지키지 않았기 때문이다, 우리가 약속을 안 지킨 것이 아니라고 해야 하는 거죠. 니들이 처음에 우리와 합의할 때 책임을 통감하고 사죄한다고 하지 않았느냐, 그런데 그 이후에 아베나 일본의 관료들이 한 얘기들을 보면 반성했다는 태도가 전혀 보이지 않거든요. 파기한 것은 우리가 아니다, 니들이 먼저라고 책임을 돌려서 우리가 명분을 쌓아야 훗날 또 다른 합의를 하든, 전면 무효를 하든, 유리한 고지에서 협상을 할 수 있어요. 그게 외교의 기술이죠. 전임 정부가 해버렸으니까 우린 어쩔 수 없다고 하면 무능하다는 걸 스스로 증명하는 꼴이 되죠. 그걸 바로잡으려고 정권을 바꾸는 것 아닌가요?

사드 배치 배후에는
최순실이 있다?

지   사드THAAD(고고도 미사일 방어체계) 배치 문제는 어떻게 풀어야 한다고 생각하세요? 안희정 도지사 같은 경우는 이미 약속된 거니까 배치할 수 밖에 없다는 입장이잖아요.

이   중국이 단교 얘기까지 하고 있잖아요. 그런데 우리도 같이 보복 조치를 하자고 하는 건 말도 안 되는 이야기고요. 그렇게 같이 싸울 때 더 손해보는 쪽이 누군지 생각해야죠. 중국의 보복이 어느 정도 갈 것인지도 생각해야 하고요. 이 협상을 무효화한다는 것은 사드를 안 받는다는 거잖아요. 그러면 미국의 보복은 없을까요? 더 심할 수 있잖아요. 그런 여러 문제를 고려해서 전문가 집단이 모여서 머리를 맞대서 협상으로 풀어야 하는 겁니다. 중국도 많이 만나고, 미국도 많이 만나야 하고요. 미국한테 가서는 지금 중국이 저렇게 나오고, 한국 국민들의 여론도 부정적이고, 경제도 어렵고, 이런 얘기를 좀 강조해야죠. 반대로 중국에 가서는 다르게 이야기할 수 있는 거잖아요.

가장 중요한 것은 지도자의 의지인데요. 지금은 선거 전이잖습니까? 선거 전이기 때문에 안희정 지사나 문재인 대표나 확실하게 말을 못한다는 건데요. 저는 선거 공학적으로 나쁘지 않다고 봅니다. 그러나 집권하면 확실한 청사진을 보여줘야 합니다. 못하면 못한다고 하거나, 바꾸면 바꾼다고 하거나, 집권해서도 이것도 아니고 저것도 아닌 식으로 가서는 안 되는 겁니다.

21세기 전쟁이 대포 쏘고 피 흘리며 싸우는 겁니까? 무역으로 전쟁하고, 경제로 전쟁하잖아요. 그러면 중요한 것이 사드일까, 경제적 이득일까를 따져봐야 하는 거죠. 저는 정부에서 솔직하게 말할 필요가 있다고 봅니다. 사드는 북핵 미사일을 막는 것이 아니라고 하는 것, 지금 사드가 북핵 미사일을 막는다고 해도 수도권을 온전히 방어 못하잖아요. 모순에 빠지는 거예요. 북한에서 수도권을 공격하지 않는다는 보장이 어디 있어요? 그런 전제로 안보 정책을 펼쳐도 되는 겁니까? 사드는 북핵 미사일을 방어하는 목적이 아니고, 한미일 커넥션, 혹은 한미일 MD 체제 아래 우방으로서의 군사적 동맹, 이런 것이라고 솔직하게 말하고 국민의 판단을 받아야 하는 겁니다. 자꾸 북의 핵미사일 방어용이라고 거짓말을 하고 있는 게 문제지요. 사드로 핵미사일을 막는다는 것이 기술적으로도 불가능할 뿐만 아니라 사드가 검증된 무기도 아니잖아요.

지   그렇죠.

이   전문가들도 거짓말을 하고 있는데, 결국 안보 장사, 안보 논리거
든요. 안보 논리로 너무 무서운 도박을 하고 있는 것이 지금 보수 집
단의 문제라고 생각합니다.

지   왜 그런 도박을 할까요? 중국과 경제적으로 어려워지면 여러 가
지로 쉽지 않잖아요. 지금 롯데 같은 경우에는 중국에서는 제재를 당
하고, 한국에서는 자꾸 빨리 결정하라고 해서 딜레마에 빠진 것 같은
데요.

이   외교도 그렇고, 통일 정책도 그렇고, 한 가지 기준을 세웠으면 뚝
심 있게 밀고 나가는 것이 중요합니다. 박근혜 정권이 들어선 이후 중
국과의 관계를 상당히 신경 썼잖아요. 보수의 반대에도 불구하고 전
승절에도 참석을 했고요. 그런데 사드 한 방으로 다 무너져버렸거든
요. 그러면 박 대통령이 생각했던 외교의 원칙은 무엇이었는지 도무
지 알 길이 없죠.

지   강대국 사이에서 한국은 어떤 전략을 취해야 할까요?

이   지금 정부는 대책이 없어요. 미국 눈치만 보고 있는 겁니다. 미국
이 알아서 해결해주겠지, 미국과 중국이 정상회담을 하면 뭔가 나오

겠지, 이것은 굉장히 수동적인 태도예요. 외교는 결국 우리 국익을 위해서 하는 것 아닙니까? 우리 국익을 위해서는 악마하고도 거래를 해야 하는 것이고, 거기에 자존심이 무슨 소용 있습니까? 아무 것도 필요 없는 거죠. 그런데 우리는 지금 미국에만 맡겨놓고 눈치보고 있어요. 박근혜가 미국에 약점 잡혀서 밀어붙인 것이 아닌가 싶기도 하고, 아니면 최순실의 작품이 아닌가 싶기도 하고, 그만큼 어처구니없는 것이 사드의 조기 배치 문제입니다. 한 나라의 국무총리가 중국의 고위 지도자를 만나서 우리는 사드를 배치할 생각이 없다고 말해놓고 열흘도 안 돼서 뒤집었잖아요. 시진핑 입장에서는 어떻게 받아들일까요? 그렇게 이상하기 때문에 최순실의 입김이 아니면 이해가 안 가는 겁니다. 그 중요한 사드 배치를 발표할 때 대한민국 외교부 장관은 백화점에서 양복 바지 수선하고 있었잖아요. 그 사람이 배제되었다고 볼 수밖에 없습니다. 외교부 수장한테도 알리지 않았다는 거니까요. 그렇게 비밀리에 했다면, 오랫동안 관계자들이 토론하지 않고, 졸속으로 진행했다, 그러면 최순실의 입김이다, 이런 결론이 나오는 겁니다.

지 어쨌든 역사적으로 큰 사건들이 나중에 어떤 영향을 끼칠지는 두고 봐야 아는 거잖아요. 박근혜 – 최순실 게이트는 워낙 어마어마한 사건인데, 한국 사회나 정치에 어떤 영향을 주게 될까요?

이 아직까지 다 밝혀진 것이 없어서 어디까지 손을 댔는지 우리가 알 수 없잖아요. 통일이 대박이라고 해놓고 개성공단을 폐쇄시켜버렸단 말이에요. 개성공단도 최순실 입김으로 폐쇄했다고 하면 정말 큰 문제잖아요. 뉴스를 보면 최순실이 미얀마에도 진출하려고 했고, 베트남 이야기도 흘러나오는데요. 개성공단이 폐쇄되면 그 업체들은 어디로 가야 할까요? 결국 저렴한 노동력을 찾아 미얀마, 베트남 등으로 갈 수밖에 없어요. 그러면 거기로 커넥션이 이어졌다고 생각할 수밖에 없잖아요. 아직 밝혀진 것이 없어서 단정지어 말할 수는 없지만, 대한민국에 엄청난 생채기를 낼 수 있다는 거죠.

사드 배치 문제도 최순실의 입김으로 진행되었다고 단정할 수는 없지만, 박대통령이 분명히 물어봤을 것이고, 최순실은 조언을 해줬을 것이라고 추측할 수 있지요. 그러면 박대통령은 최순실이 하지 말라는데 하지는 않았을 거란 말이에요. 정권을 바꾸면 사드 문제는 우리가 중국을 이만큼 생각한다고 하는, 뭐라고 할까, 마음을 달래줄 필요가 있어요. 이것은 외교에 국한된 문제가 아니라 경제 전반과 국가 전체의 안정과 평화에도 직결됩니다. 북한 문제와 떼어서 생각할 수 없기 때문이지요. 예를 들어 중국이 우리와 단교까지는 아니더라도 준단교까지 간다면? 그래서 사드 문제는 간단하게 끝날 사안이 아닙니다. 지금은 사실 트집 잡는 수준이잖아요. 앞으로 중국의 보복이 노골적으로 진행될 가능성이 상당히 큽니다. 중국 인민들의 정서를 건드렸기 때문에 점점 더 강하게 대응할 겁니다.

일본 같은 경우는 중국에서 때마다 반일 감정이 불어오거든요. 그래서 일본은 대외무역에서 다변화 정책을 펼쳤어요. 중국의 보복에 대비한 거죠. 그런데 우리는 중국에 수출과 수입의 상당 부분을 의지하지요. 중국, 홍콩, 싱가포르까지 연계해서 생각하면 진짜 큰 문제가 발생하기 때문에 차기 정권에서 가장 먼저 풀어야 할 게 사드 문제입니다. 저는 롯데의 결정이 이해되지 않아요. 왜 이렇게 사드 배치 부지 교환을 서둘렀는지… 롯데 입장에서는 탄핵 인용 때까지 기다리면서 시간을 좀 끌면 되잖아요. 새 정부의 대응과 발맞추면 되거든요. 그런데 그걸 쉽게 결정해버렸단 말이에요. 그러면 롯데도 이 정부에 약점을 잡혔다고 생각할 수밖에 없지요.

지　뭔가 압력이 있었겠죠.

이　안 그렇습니다. 국방부 같은 경우도 지금 서두를 이유가 하나도 없어요. 우리나라는 시간을 끌면 끌수록 유리해요. 미국에도 이야기하기 좋잖아요. 중국한테 얘기하기도 좋잖아요. 대통령이 탄핵까지 될 정도로 무능력한 사람이었고, 헌법을 위반한 사람이었다, 그런 사람이 했기 때문에 우리 의도가 아니었다고 중국한테 얘기할 수 있잖아요. 미국에는 이렇게 국민들이 매주 100만 명 이상 모여서 대통령 탄핵을 외쳤는데, 그 사람이 하는 정책에 대해서 우리가 바로 추진하기 어렵다고 풀어나갔어야죠. 시간을 끌면서 양쪽의 마음을 달래줄 필요가 있습니다. 저는 끌 수 있는 데까지 끄는 게 좋다고 생각합니다. 우리는 어차피 둘 중 하나를 선택해야 하는 상황이잖아요. 그러면 시간을 끌어야죠.

지 지금 상황을 보면 미국 쪽의 눈치를 보는 선택인건데요. 트럼프 정권도 불안하잖아요. 여러 가지 갈등이 발생할 수 있고, 죽도 밥도 안 될 수도 있고요. 중국과는 이미 사이가 나빠졌고, 미국과도 경제적 마찰이 있을 수 있는 상황인데요.

이 미국이 한미 FTA 재검토 얘기를 했는데요. 그러면 우리한테 유리하게 협상을 해줄까요? 그게 아니잖아요. 우리는 거기에 끌려들어 갈 수밖에요. 트럼프가 주한미군 주둔 비용도 100% 인상을 요구했죠. 사드 문제도 그렇고, 한일위안부 합의도 모두 뒤에는 미국이 있는 거잖아요. 우리는 하나도 얻는 게 없어요. 일본한테 내주고, 중국한테 얻어맞고, 미국한테 내주고, 이게 무슨 외교야! 주고받는 것이 있어야 외교 아닌가요? 협상 능력을 키울 외교전문가도 필요합니다.

그동안 미국이 우리 우방이었고, 우리가 미국 덕을 본 것도 사실입니다. 한국전쟁도 마찬가지고, 그 이후에도 아프리카 전체 대륙에 지원하는 금액보다 대한민국에 지원한 금액이 훨씬 컸으니까요. 그것만 봐도 도움을 많이 받은 것은 사실입니다. 그런데 왜 미국이 그렇게 했을까요? 그만큼 동아시아에서 한반도가 차지하는 비중이 크기 때문에 그런 거잖아요. 꼭 우리를 위해서 그런 것만은 아니에요. 그 점을 활용해야 하는데, 우리는 미국이 요구하는 대로 예스맨 짓을 하고 있습니다. 박정희나 전두환은 정통성 없는 정권이었기 때문에 미국이 요구하는 대로 따라 갈 수밖에 없었지만 지금은 거기서 벗어나도 되잖아요.

지 그때부터 심리적으로 의존해왔다?

이 그런 게 가장 큰 것 같아요.

지 할아버지들도 옛날 생각하시면서 '니들이 전쟁을 안 겪어봐서 모른다'고 하는 것이 심리적으로 미국에 대한 의존성이 커져서 그렇다고 볼 수 있나요?

이 관료들도 그런 관료들에게 배워서 그런 거잖아요. 반기문도 노신영한테 배워서 그런 거고. 그런데 노무현 정권 시절에 미국에 강하게 얘기하고, 전시작전권 회수하자고 그럴 때 미국이 우리한테 강력하게 제재한 것이 있습니까? 무조건 강대국에게 순종적으로 끌려갈 필요는 없다고 생각합니다. 그렇다고 반미주의를 얘기하는 건 아니고요.

재벌들의 오너 리스크Owner Risk가
비극의 씨앗

지　《툭 까놓고 재벌》을 통해 재벌의 탄생, 그 역사 등을 책으로 정리하셨잖아요. 재벌개혁, 그런 문제에 천착하게 된 계기가 있나요?

이　재벌의 창업주들은 이미 다 사망했고, 족벌 경영 체제 아래서 지금은 2세도 거의 사망했고, 일선에서 물러난 경우도 많잖아요. 결국은 3~4세가 재벌의 운명을 쥐고 있잖아요. 그런데 기업이 가족 경영으로 3~4세로 내려와 성공한 예가 별로 없습니다. 동서고금을 막론하고 그렇습니다.

지　아무래도 뭔가 새로운 분야를 개척하려면 도전 정신이 있어야 하는데, 3~4세로 내려갈수록 도전보다는 가지고 있는 것을 지키는 쪽으로 갈 가능성이 높으니까요.

이　또 재벌들의 갑질 문화도 많은 문제가 됐잖아요. 땅콩 회항 사태를 보면, 재벌들의 3세, 4세들이 자기들은 일반 국민과 혈통 자체가 다르다고 느끼는 것 같아요.

지　선민의식이 있는 거죠.

이　그런 생각을 하는 것 같아요. 사실은 창업주들이 무슨 씨가 달라서 성공한 건가요? 아니거든요. 결국은 국가에서 온갖 혜택을 몰아줬던 겁니다. 그때는 그렇게 해야 성공할 수 있다고 생각했으니까요. 그리고 저임금으로 혹사당한 노동자들 덕분에 성공한 것 아닌가요? 또 우리 국민들이 애국심을 아낌없이 발휘하여 기업들의 제품을 사줬고요. 그런 것을 다 잊고 우리는 특별한 사람들이라고 생각하니까 갑질 문화가 터지는 겁니다. 책을 통해 그런 것들을 좀 알려주고 싶었어요. 얼마나 우리 재벌들이 특혜를 받아서 성장했는지…

미국에서 기업 가치가 200만 달러를 초과하는 242곳을 조사했는데요. 가족 소유 기업이 3세대 이상 살아남은 확률은 15%에 불과합니다. 또 다른 조사기관에 따르면, 4세대까지 살아남은 확률이 4%에 불과해요.

지　그러면 100개 중에 96개가…

이　망한다는 얘기죠. 그러니까 전문경영인 체제를 도입해야 하는데, 그렇게 안 하는 기업들은 망할 수밖에 없어요. 미국 S&P 500 기업의

65%가 전문경영인 체제인데, 한국의 전문경영인 체제는 20%가 안 됩니다. 회사를 자기들 것이라고 생각하는데, 회사가 왜 자기 것입니까? 주주와 임직원의 것이지요. 그런 생각부터 뜯어고쳐야 합니다.

지   넓게 보면 경제성장이라는 명목 아래 힘을 몰아준 부분이 있기 때문에 우리 사회에 어느 정도 기여해야 하는 것이 당연하다는 말씀이시죠?

이   그게 기업의 목적이죠. 그런 점을 좀 알려주고 싶었고요. 그런데 우리는 기업에 대해 모순적 태도를 가지고 있어요. 재벌들을 비판하면서 자기 자식들은 그 재벌기업에 들여보내고 싶어 하지요.

지   학벌중심 사회의 문제를 이야기하면서 우리 아이는 서울대에 보내고 싶어 하는 것과 같은 거죠.(웃음)

이   재벌이 어떻게 국가의 비호, 특혜를 받아서 성장했고, 거기에서 우리 노동자들이 얼마나 헌신했는지 살펴본 거예요. 그러면 이제는 그 부를 나눌 필요가 있다, 그게 기업이 할 일이라고 말하고 싶었죠. 지금 대기업들은 사내 유보금을 500조, 700조를 쌓아놓고 풀지를 않잖아요. 그래놓고 기업 오너들이 불법을 저질러 감옥에 가면 기업 오너의 부재로 인해 경제가 나빠진다고 하지요. 그런 논리가 가당키나 합니까?

지　이번에 삼성의 이재용 부회장이 구속되는 것을 보면서 어떤 생각이 드셨나요? 두 번째 영장 신청 만에 구속됐고, 언론들은 아니나 다를까, 삼성이 힘들어지면 국가가 어려워지는데, 이런 선택을 했냐고 하면서 특검을 공격했잖아요.

이　모든 언론에서 그렇게 나오고 있더라고요. 그건 광고 때문이 아닐까요? 언론들도 돈에 발목 잡혀 있는 거고요. 사법부도 마찬가지고요. 만약에 이건희 회장이 살아 있었다면 이건희를 잡아넣을 수 있었을까? 불가능했다고 봅니다. 이재용이니까 그나마 구속한 거라고 봅니다. 이건희가 그동안 쌓아왔던 정경유착이나 삼성 장학생들의 방어가 이재용한테까지는 제대로 미치지 않은 거죠. 이건희가 건재했다면 절대 그렇게 못했을 겁니다.

지　이건희 회장한테 직접 받은 것 하고는…(웃음)

이　한 다리 건너는 건 분명 다르죠.

지　앞으로 이재용에 대한 수사는 어떻게 될 거라고 보세요? 조금만 더 큰 압력이 들어오거나 하면, 검찰도 부담스러워서 수사를 못할 가능성도 있어 보이는데요.

이　일단 구속됐으니까 공소 유지는 하겠지요. 그런데 재판 과정에서 어떻게 될지 모르죠. 정말 삼성 측에서 사활을 걸고 매달릴 것 아닙니까? 그러면 재판 과정에서 이재용한테 실형을, 그것도 형량을 높게 내리기는 어려울 겁니다.

지   뭔가 여러 가지 이유를 대면서 집행유예로 풀어주겠죠.

이   그럴 가능성도 있고, 밑에 사람한테 떠넘길 가능성도 있는 것이
고요. 마지막에는 '우리도 피해자다, 아니 대통령이 달라고 하는데, 어
떻게 안주냐?'라는 논리로 가지 않을까요?

지   상당수 국민들한테 그런 정서가 있잖아요.

이   이재용이 불쌍하다는 사람도 많아요.

지   '재벌財閥, 네 가지만 지켜라'고 하면서, 부동산 투기는 그만하자,
노동자의 삶이 나아져야 재벌들의 이익도 늘어난다, 번 만큼 세금 내
라, 체급에 맞는 선수들과 싸워라, 소유와 경영을 분리하라, 이런 것들
을 요구하셨는데요. 어떻게 보면 간단한 요구사항인데요. 이것도 압
력을 가해야 이 사람들이 지킬 텐데요.

이   가장 큰 과제는 소유와 경영의 분리라고 봐요. 소유한 사람이 경
영까지 해버리니까 어쨌든 자신들의 이익을 최대한으로 추구하잖아
요. 재벌들의 이익을 사회로 어느 정도 환원해주는 것은 마땅히 해야
할 일이잖아요. 미국의 빌게이츠, 워렌 버핏은 세금을 더 낸다고 하잖
아요. 우리만 그렇지 않단 말이죠. 그런 문제점들을 불식시키는 것이
소유와 경영의 분리가 아닌가 싶어요.

능력 있는 사람이 경영하는 것이 당연한 이치죠. 부동산 투기 같은 것도 그래요. 지금까지 대한민국 대기업들은 R&D 투자, 고용 창출에 목맬 필요가 없어요. 이득의 몇 십 배를 땅에 투자해서 벌었거든요. 기업이 구태여 기술개발에 투자할 필요가 없는 거예요. 하지만 이제는 그런 시대는 끝났다고 얘기하잖아요. 그렇다면 이제 다른 쪽으로 경쟁을 해서 글로벌 시대에서 살아남아야 합니다. 그래서 지금 기업에게 가장 중요한 것은 원가 절감이 아니고 글로벌에서도 먹히는 기술개발입니다. 지금까지 대부분의 우리 기업들은 원가절감으로 경쟁해 왔잖아요.

지　소유와 경영을 분리하려면 뭐부터 해야 할까요? 지금까지 저항도 심하고 했으니까요. 그리고 외국 기업으로부터 우리 기업을 보호하려면 총수 일가의 지배구조를 인정해줘야 기업이 지켜질 것처럼 논리를 폈잖아요.

이　대한민국 기업들이 소유와 경영을 분리하면 외국인 투자자들이 투자를 하지 않을까요? 저는 훨씬 더 많은 투자를 할 거라고 봐요. 사실 이번에 현대자동차에서 10조 원이 넘는 터무니없이 비싼 가격으로 삼성동 한전 부지를 살 때 놀랐어요. 만약에 외국에서 이런 일이 있었으면 감사들이나 이사들, 주주들이 가만히 있었겠어요? 그런데 우리나라는 오너가 독단적으로 결정을 하면 그걸 밀어붙여야 하니까요. 안 된다고 말하는 사람이 없어요. 그러니까 오너 리스크가 커지고, 기술개발로 선순환하는 투자가 안 되는 겁니다.

이런 문제점들, 삼성에서 정유라에게 고가의 말을 사주고, 최순실이 만든 재단을 지원해주려고 할 때 이건 아니라고 하는 사람이 있었다면 그렇게 했겠습니까? 그리고 전문 경영인이면 그렇게 밀어붙였겠습니까? 대한민국에서 오너 리스크만 없어져도 투자자들은 더 몰려올 것입니다. 그 점부터 일단 바꿔야 합니다.

제벌 2세대들은 창업주한테 보고 배운 것이 많아서 2세대에 망가지는 경우는 거의 없었어요. 하지만 3세대부터는 다르지요. 2세대에서 3세대로 넘어갈 때 경영자로서 자질과 능력이 있는지부터 검증해야 합니다. 만약에 그게 어렵다면 전문경영인 체제로 가는 게 맞아요. 그런데 우리는 고집을 피우거든요. 임원들한테 아이들 잘 봐달라, 당신들이 옆에서 도와주라고 해요. 임원들이 어릴 때부터 왕자님 공주님 대접을 했는데, 제대로 가르치고 이끌어줄 수 있겠습니까? 못하죠. 이재용 같은 경우도 e삼성도 실패했고, 갤럭시 7도 실패한 것 아닌가요? 그러면 CEO로서 경영능력이 없다고 봐야죠. 스스로 내려와야 하는데, 그게 안 되는 겁니다.

권력의 정점에는
삼성이 있는가?

지　정권이 바뀐다면 재벌개혁에서 무엇을 가장 중요하게 생각해야
할까요?

이　제도로 할 수 있는 것이 있거든요. 그런데 정부가 의지를 갖고
제도를 만들어도 국회 통과 문제가 있기 때문에 쉽지 않을 거라고 봐
요. 제도부터 먼저 다듬어야죠. 그럼 어떤 제도부터 손을 댈 것인가,
그 문제는 치열한 논쟁이 필요할 것입니다. 그런데 과연 대한민국에
서 정권 교체를 한다고 하더라도 재벌들한테 도움을 안 받고 정치할
수 있을까요? 그리고 그 정치인을 보좌하고 있는 사람들, 혹은 대학교
수, 엘리트 전문 집단들, 정책을 만드는 사람들, 그들 중에서도 재벌에
좌우되지 않는 사람들이 얼마나 있을까요? 정치인 지도자 혼자서 독

야청청 한다고 하더라도 보좌진들은 상황이 다를 수 있지요. 또 관료 중심으로 돌아가는 대한민국 사회이기 때문에 쉽지 않을 겁니다.

노무현 정부가 삼성에 휘둘렸다고 하는 것도 그런 이유인 거죠. 노무현 자체는 삼성 장학생이 아니지만, 그 밑에서 노무현을 보좌했던 사람들, 노무현 시대의 관료들 중에 과연 삼성 장학생이 없었을까요? 그럴 가능성은 희박하죠. 노무현 정부도 삼성과의 관계만큼은 아킬레스건이 될 수밖에 없었어요. 이번에 정권이 바뀌더라도 쉽게 반反재벌 정책, 단어가 좀 그런데요. 친재벌 정책이 아닌 정책을 구사하기는 쉽지 않을 거라고 봅니다.(웃음)

대통령은 어쩔 수 없이 경제지표에 목을 매잖아요. 그게 떨어지면 결국 재벌들한테 손을 내밀 수밖에 없어요. 지금 대한민국은 재벌들이 꽉 잡고 있는 사회이기 때문에… 그러다보면 자꾸 친재벌 정책을 내세우게 되는 거죠. 그 지표에 신경을 쓰다보면 말입니다. 당장 눈앞에 내놓는 수치에 신경을 쓰지 말고 미래를 내다봐야 하는데, 정권은 그렇게 하기 어려워요. 취업률은 몇 퍼센트 늘어났고, 실업률은 몇 퍼센트 줄어들었고, 이런 것을 강조하고 싶잖아요. 그러다 보니까 재벌 도움을 받아야 하거든요. 결국 재벌들이 원하는 것을 줄 수밖에 없어요.

지　국민의 촛불이 대통령을 탄핵시키고, 광장에서 정치권을 압박한 거잖아요. 만약에 광장에 나오시는 분들이 원하는 대로 정치가 이루어지려면 재벌들과 연합해서 정치를 하고 정책을 추진해서는 안 될 것 같은데, 그게 가능할까요?

이   가장 큰 문제는 대통령, 리더의 의지라고 여러 차례 주장을 했는데요. 대한민국은 사실 대통령이 움직이는 나라가 아니에요. 관료들이 움직이는 나라지. 대통령이 모든 분야의 전문가일 수는 없잖아요. 결국 집행을 위한 의사결정 과정에서 관료들의 얘기를 경청할 수밖에 없어요. 그 바닥의 전문가라고 하는 사람들, 그 바닥에 오래 있었던 사람들 말입니다. 처음에 대통령이 바뀌면 관료들이 대통령 눈치를 봅니다. 저 대통령이 우리 말을 들을 것인가, 아니면 우리가 끌려갈 것인가, 그래서 3~6개월 동안은 눈치만 보고 이야기를 하지 않습니다. 리더의 성향을 파악하는 거죠. 그리고 어느 정도 성향을 파악하고 나면 그때부터 자기들 마음대로 해요. 지금까지 늘 그래왔어요. 노무현 정권 때 그게 가장 심했고요. 저 사람 우리가 요리할 수 있겠는데, 하면 관료들이 움직이는 거죠. 대통령이 바뀌면 관료 사회부터 갈아치워야 합니다.

지   그럼 관료들이?

이   보신을 위해 노력하겠죠.

지   엄청나게 저항을 할 거고요.

이   모든 정책에 대해서 다 알고 있다고 하는 김대중 대통령조차도 관료들한테 밀렸거든요. 그런데 그때는 IMF라는 특수 상황이었잖아요. 그렇게 봤을 때 누가 대통령이 되어도 관료들로부터 자유롭지 못할 겁니다.

1987년과
2017년

지   이번 촛불집회에 어마어마한 사람들이 나와서 충돌 없이 큰 성과를 이뤄냈는데요. 이게 역사적으로 볼 때 어떤 의미를 지닌다고 생각하십니까? 다른 나라에서는 신기하고 놀라워하는 것 같아요. 이 정도 되면 큰 충돌도 벌어질 수 있을 것 같은데, 그런 것도 없었고요. 답답해 보이는 면도 있었지만, 대통령을 일단 끌어내리는 큰 성과를 냈잖아요.

이   87년 항쟁이랑 똑같다고 생각하거든요. 그때도 대통령 직선제를 수용하는 6.29 선언을 이끌어냈고, 2016년 촛불항쟁도 대통령을 끌어내리는 결과를 만들어냈으니까요. 그러면 87년과 뭐가 다르냐, 87년에는 정치 지도자가 앞장을 섰고, 대중이 뒤를 따랐습니다. 시위할 때도 보면 김대중, 김영삼이 앞장서고 재야인사들이 지원하고, 대학생들이 중심이 되어 민중들이 뒤에서 따라왔거든요. 그런데 이번에는 민중들이 앞에서 끌어주고, 정치지도자들이 그 뒤를 따라갔어요. 민중은 대통령 탄핵을 요구하는데 정치인들이 거국 내각 카드를 꺼냈다가 탄핵으로 바꿨잖아요.

지   지금 집회에 나오는 정치인들도 앞에 앉아 있긴 하지만…

이   처음에는 각자 참석할 사람은 알아서 하라고 했잖아요. 그게 다른 점이죠. 수동적이었던 대중들이 능동적으로 바뀌었다는 사실이 중요합니다. 30년 만에 일어난 두 항쟁의 가장 큰 차이가 아닐까요.

지   1987년 6월 항쟁 이후에 7, 8, 9월 노동자 대투쟁이 이어졌잖아요. 그런데 어마어마한 변화가 있을 줄 알았는데 큰 변화를 이뤄내지 못하고 좌절되면서 보수 정치 체제로 흡수되어버린 상황이었는데요. 만약 이 촛불이 원하는 적폐청산 등이 또 다시 타협되거나 유명무실해진다면 국민들이 큰 좌절감을 느끼게 될 텐데요.

이   그렇죠. 87년에도 개혁을 원했던 것이고, 지금도 개혁을 원하는 거잖아요. 그런데 개혁이 쉽지 않거든요. 기득권의 저항이 그만큼 센 겁니다. 87년도 그렇고, 지금도 그렇고, 민중들은 이렇게 해서 바뀌면 내 삶도 크게 바뀐다고 예상하거든요. 그런데 실제로 바뀌지 않잖아요. 바뀝니까? 그리고 이어서 대학생들의 분신 정국이 일어났잖아요.

너무 답답했던 겁니다.

우리가 투쟁해서 직선제도 쟁취했는데, 다시 예전의 독재로 돌아간 느낌. 그러니까 국민들이 스스로 불을 태워가면서, 목숨을 끊어가면서 저항한 거죠. 저는 이번에도 그럴 가능성은 충분히 있다고 봅니다. 이명박, 박근혜 정권동안 쌓인 여러 가지 문제점, 경제, 국방, 외교, 안보 이런 문제들이 정권 교체로 일시에 해결되는 것이 아니거든요. 그런데 대중들은 이제 바뀌었으니까 뭔가 달라지겠지 하는데, 빨리 안 되거든요. 그렇게 답답해 하다 보면 대규모 노동투쟁이 다시 일어날 수도 있고요. 분신 정국 같은 것은 일어나지 않겠지만, 어쨌든 실망한 사람들, 제2의 IMF가 오면 또 한강으로 달려갈 수 있는 것 아니겠어요. 그래서 이번 정권 교체, 이번에 대통령이 될 사람은 막중한 책임이 있고 중요한 거예요.

지   송경동 시인은 촛불집회에 대해 평가하기를 "내재된 분노가 정제되지는 않았다"고 했는데요. 광장이 다른 형태로 질적 전환을 하고, 의제도 확장할 필요가 있다는 얘기 같습니다. 그러면 국민들은 뭘 더 해야 될까요?

이   국민들이 할 것은 다 했다고 생각하는데요.

지   이제는 정치권에서 받아서 해야 한다?

이   더 이상 국민들한테 뭘 원합니까? 과거에는 화염병을 던지고 했지만, 지금은 그렇게 안 하잖아요. 우리 스스로 발목을 잡는 경우가 생기는데요. 저쪽에서 하도 불법집회, 폭력행위라고 하니까, 그런 프레임을 씌워 버리니까, 사실은 불법집회가 아님에도 불구하고 불법집회라고 생각해버리는 거죠.

지   자기 검열을 하고 움츠려들 수밖에 없죠.
이   아니 경찰히고 실랑이 하는 것이 무슨 폭력인가요?

지   거긴 장비도 있고.
이   경찰 버스를 밧줄로 묶어서 흔드는 것이 폭력인가요? 그렇게 따지면 다른 선진국에서 시위하는 것 보세요. 다 잡혀가지.

지   경찰버스에 꽃 스티커 붙였다고 저걸 누가 떼냐고 공격하잖아요.
이   오히려 우리 스스로가 그런 프레임에 갇혀서 우리의 분노를 표출하지 못한 것 같아요. 사실 대한민국은 헌법으로 집회 시위의 자유가 보장된 나라잖아요. 집회를 하겠다고 하면 웬만하면 모두 허가해 줘야 해요. 그런데 우리는 그걸 다 불법이라고 해요. 그걸 누가 정했나요? 헌법에 보장하라고 되어 있잖아요. 그런데 우리는 경찰에서 불법이라고 하면 언론에서 불법이라고 받아써요. 그러면 일반 국민들은 '저 빨갱이 새끼들, 또 불법시위를 하네', 그게 두려워서 불법집회는 안 되고, 폭력은 더더욱 안 되고… 백남기 선생이 폭력집회 하다가 저렇게 되신 겁니까?

지 2016년에서 2017년으로 넘어오면서 광장에 모인 수백만의 촛불이 정국을 이끌었는데요. 지금까지 여론조사의 지지율을 보면 야권에서 대통령이 안 나오는 게 이상한 상황이잖아요.

이 선거에서 가장 중요한 것이 구도인데, 지금 구도는 무조건 야당이 이기는 구도예요. 이인제 방지법[6] 같은 것이 있어서 경선에서 진 사람이 탈당할 수도 없고…

지 지금 만약에 그렇게 했다가는 맞아죽을 가능성이 있죠.(웃음)

이 1987년처럼 각 당에서 후보를 내는 다자구도인데요. 다자구도에서 지금의 야당이 불리할 것이 하나도 없는 상황이죠. 웬만해서는 야권이 승리하리라고 보는데요. 이번 선거운동 기간은 매우 짧아요. 저쪽에서 공작을 하려면 기간이 길어야 하거든요. 그런 여러 가지 조건을 감안하면 정권 교체를 하기 위한 천재일우의 기회죠.

---

6 1997년 신한국당 대선 경선에 도전한 이인제는 1차 투표에서 이회창 후보(41.1%)에 이어 2위(14.72%)에 오르는 돌풍을 일으켰다. 그러나 이인제는 경선 결과에 불복하고 신한국당을 탈당한 뒤 국민신당을 만들어 대선에 나섰다. 이 사건을 계기로 정당 내 경선에서 패배한 후 탈당하여 출마를 할 수 없도록 하는 '이인제 방지법'이 제정되었다. 1997년 대선에서 이인제는 19.2%의 득표율을 기록했다(3위).

지　천재일우의 기회를 만약에 놓친다면, 이건 정말 야권으로서는 상상할 수 없는 상황이 전개될 텐데요.

이　그렇게 되면 남 탓 할 필요가 없어요. 야권이 무능한 거예요.

지　탄핵 후 조선, 동아를 비롯한 보수신문, 종편의 태도가 확 변하지 않을까요? 진보 진영이 이 사람들의 역할에 대해서 깔보는 경향들이 좀 있는데요. 저는 우병우가 검찰에서 조사받는 장면을 조선일보가 망원렌즈로 잡아낸 것을 보고 소름이 끼쳤습니다. 그만큼 집요한 사람들이잖아요.

이　종이 신문의 위력이 예전 같지는 않고요. 우병우의 사진 같은 것도 엄청난 거였잖아요. 그게 없었으면 어떻게 될지 모르는 상황이었잖아요. 여론을 한번에 뒤집어 버렸는데, 우병우 사진이 조선일보에 나와서 커진 게 아니에요. 그것을 받아서 쓴 종편 방송 때문에 커진 거죠. 지금은 종이 신문보다 종편의 위력이 더 커졌다고 봅니다. 그런데 정권을 바꾸면 종편을 요리할 수 있는 방법은 얼마든지 있습니다.

지　정권을 바꾸기까지 험난한 과정들이 있을 수 있잖아요.

이　그건 싸워서 이겨내야죠. 기울어진 운동장, 언제는 안 그랬나요? 그걸 탓하면 어떻게 해요?(웃음) 그걸 이겨내는 게 마키아벨리즘이고, 정치적인 감각이고, 정치적인 딜입니다. 후보 자신이 안 해도 할 수 있잖아요. 그게 뭐 나쁜 겁니까? 정치적인 협상일 수도 있는 거죠. 정권을 교체하면 종편 재심사라는 카드가 있잖아요. 얼마든지 물밑 협상이 가능합니다. 그게 이상하다고 하면 정치하면 안 되는 겁니다. 물밑 협상은 역사상 언제나 있어 왔고, 앞으로 언제든지 해야 하는 거예요. 그게 김대중이 말한 악마와 손잡는 것 아닌가요? 아니, 정공법을 택해서 세상이 쉽게 바뀝니까? 가끔 편법도 쓸 수 있어요. 후보 자신이 안 나서는 것은 당연하죠. 나중에 문제가 될 수 있으니까요. 그때 가서 몰랐다고 하면 되는 거잖아요.

지   대통령이 얘기했다가 밀려버리면 수습할 방법이 없지만 꼬리자르기로 대응할 수도 있으니까요. 사안에 대해 너무 순수하게 접근해도 안 되는 것 같습니다.

이   그게 필요한 거죠. 정치는 상대를 죽여야 내가 사는 전쟁이에요. 백 가지 방법이 있으면 백 가지를 다 써야죠.

파퓰리즘?
대중영합주의가 나쁘다고?

지   정치를 얘기하다 보면 파퓰리즘 얘기가 많이 나오잖아요. 상대방을 공격하는 수단으로 많이 쓰이는데요. 어떻게 보면 사람들이 원하는 것을 한다는 건데요. 대한민국에서만 유독 파퓰리즘이 고생한다는 생각도 들어요.(웃음)

이   파퓰리즘이 왜 공격하는 수단으로 대한민국 선거판에서 이용되는지 모르겠어요. 파퓰리즘이 왜 나빠요? 대중영합주의, 대중이 원하는 것을 한다는데 그게 왜 나쁩니까?

지   여권이든, 야권이든 상대방을 공격할 때 이 용어를 왜 쓴다고 생각하세요?

이　　처음에 여권에서 야권을 공격하는 용어로 썼고요. 그걸 언론사가 받아쓰면서 파퓰리즘이 아주 해서는 안 되는 짓거리로 인식되어버린 겁니다. 그렇게 된 다음에 야권에서도 그걸 갖다가 쓰는 거죠. 예전 노무현 정부 때 '코드 인사' 논란 같은 것도 그래요. 한 국가를 운영하려면 자신과 맞는 사람을 쓰는 건 당연한 선택 아닌가요? 내가 대통령이 됐는데, 나와 정책 철학과 기조가 맞는 사람을 써야죠. 그걸 코드 인사로 공격하면 어떻게 합니까? 기가 막힌 일이잖아. 그럼 자신과 철학이 다른 사람을 갖다 씁니까? 미국은 코드 인사 안 합니까? 일본은 안 합니까? 전 세계 지도자들이 그렇게 합니다. 그런데 그걸 코드 인사로 비난하면… 나중에 우리 쪽에서 갖다 쓰더라고요.(웃음) 저쪽은 네이밍을 기가 막히게 잘해요.

지　　보수는 프레임을 가지고 상대방을 공격하는 데 필요한 연구가 많이 되어 있잖아요.

이　　그걸 우리는 방어하기 급급해요. 코드 인사 아니냐고 하면 '아니, 그게 아니고' 이렇게 한다고요. '그게 어때서'라고 들이받아야죠.

지　　실제로 보수는 더한 코드 인사를 하는데, 진보는 그런 네이밍과 프레이밍을 못하잖아요. 늘 수세적이에요. 세력이 약해서 그런 걸까요? 괜히 얘기했다가 저쪽에서 집중포화를 맞고.

이　　세력이 약해서 그런 거죠.

마키아벨리즘도
필요하다

지   정치인의 마키아벨리즘에 대해서는 어떻게 생각하세요?

이   정치인에게는 필요한 거죠.

지   마키아벨리즘은 피도 눈물도 없는 냉혈한이라고 공격할 때 쓰이는 거잖아요.

이   정치 지도자는 필요에 따라 어떤 선택도 할 수 있어야 해요. 김대중 대통령이 그랬잖아요. 국익을 위해서는 악마와도 손을 잡아야 되는 거라고. 악마와 왜 손을 잡아? 비난할 수도 있지만 그게 도움이 되면 해야죠. 과거 군사정부에서 김대중에게 덮어씌운 것이 마키아벨리즘이잖아요. 김대중은 그런 정치인이라고.

지　수단과 방법을 가리지 않는다는 의미로 많이 썼잖아요.

이　수단과 방법을 가리지 않고, 민중을 위해서 일한다는데 뭐가 나쁘냐고요. 오히려 필요한 거예요. 그걸 못하면서 정치인이 되면 안 됩니다. 무조건 착한 사람이 대통령이 되면 나라가 좋아집니까? 그래서 정치 지도자는 아무나 하는 것이 아니죠. 정치는 갈등이 생겼을 때 그것을 봉합하는 역할도 하지만, 첨예하게 대립된 부분에서는 한쪽을 편들어서 몰고 가는 능력도 필요하거든요.

지　무조건 좋은 게 좋은 거라고 갈등을 봉합하는 것보다는 때로는 갈등을 증폭시키더라도 곪은 것을 터뜨릴 필요가 있다는 거네요.

이　과거 리더들을 보면 중세시대든, 고대시대든 가장 무능력한 정치인은 우유부단한 정치인입니다. 이러지도 못하고, 저러지도 못하고.

지　가장 나쁜 결정은 늦은 결정이라는 얘기도 있죠.

이　그렇죠.

정치는
우리 삶의 일부니까

지　사람들이 왜 정치에 관심을 가져야 한다고 생각하십니까?

이　《닥치고 정치》에도 그런 얘기가 있지 않나요. 사람들이 다 정치를 하잖아요. 자기가 그걸 모를 뿐이죠. 인간관계도 정치라고 볼 수 있지요.

지　친구끼리도 정치하고 왕따 시키고 하니까요.

이　정치를 알면 내 삶이 바뀌잖아요. 성남에 이대엽 시장이 있을 때와 이재명 시장이 있을 때를 비교해보세요. 삶이 바뀌잖아요. 정치가 우리 삶과 무관하지 않다는 걸 보여주잖아요. 오세훈이 서울시장 할 때와 박원순이 할 때는 다르잖아요. 제가 소위 말하는 진보 진영, 민주노동당으로 대표되던 진보 진영에게 실망했을 때가 언제였냐면, 김대중, 김영삼이 똑같고, 이명박, 노무현이랑 똑같다는 논리를 펼칠 때입니다. 어떻게 똑같아요? 다르죠. 그런데 그렇게 뭉뚱그려 공격했거든요.

저는 민주노동당이 두 자릿수 의석을 가지고 있다가 저렇게 위축된 것도 공격할 때와 공격하지 않을 때를 구분하지 못하고, 마구잡이로 공격했기 때문이라고 봐요. 김영삼과 김대중은 리더의 지도방식도 달랐고, 민중들의 삶도 달라졌고, 이명박과 노무현도 마찬가지잖아요. 그런데 그걸 똑같다고 하면 어떻게 합니까? 정치는 그래서 중요한 겁니다.

지　정치라는 것이 삶을 개선할 수 있고, 불평등을 어느 정도 완화할 수 있다는 말씀이네요.

이　제 개인적으로는 재미있어요. 정치가. 정치인들이 어떤 행동을 했을 때 보이는 것이 있잖아요. 왜 저러지, 하고. 당사자들은 입으로는 아니라고 하잖아요. 그런 것을 보는 재미가 쏠쏠해요.(웃음)

지　김어준 총수가 자신에 대해 농담조로 무학의 통찰이 있다고 하던데요. 이 작가도 정치학자나 정치인 출신은 아니지만 재야 정치학자라고 볼 수 있을 만큼 정치에 대한 관심이 높고 자신만의 관점과 통찰이 있잖아요.

이　제가 삼국지를 굉장히 좋아했거든요. 그런 류의 것들, 사람 심리를 꿰뚫고, 미래를 예측하고, 이런 것들을 좋아했는데요. 한국 정치판으로 관심사가 넘어오면서 정치인들의 정치적 행동들을 살펴보면서 향후 행보를 유추하고 논쟁하는 것이 무척 재밌더라고요. 어렸을 때부터 쌓아왔던 거죠. 스스로가 정치 신동이라고 했던 것도 그런 맥락이고요.(웃음)

지　12살 때부터?(웃음)

이　그런 애들이 어디 있냐고요. 저는 그때부터 은연중에 길러왔다고 생각하니까 제 스스로 정치 신동이라고 네이밍을 한거죠.(웃음)

지　결국은 사람의 심리에 관심이 있는 거네요?

이　사람의 심리보다는 정치인의 심리에 관심이 있는 거죠. 모든 사람들이 계산하고 행동을 하는 것은 아니잖아요. 고도로 계산된 정치적 심리, 이게 재밌는 거죠.

지　일반 사람들도 정치를 한다고 하지만, 대중을 상대로 하는 것은 아니기 때문에 사이즈가 다르다고 할까요?

이　실생활에서 보면, 연애할 때 상대방과 밀당을 하잖아요. 손잡을 때가 제일 짜릿하잖아요. 장동건이나 원빈 같은 경우 밀당할 필요가 없고, 머리 쓸 필요도 없지만.

지　처음엔 얼굴만 봐도 좋지만 시간 지나면 식상하거든요.(웃음)

이　우리 같은 사람들, 키도 작고, 얼굴도 못난 사람들은 여자를 꼬시려면 노력을 해야 해요. 머리를 써야 하고요.(웃음) 저는 솔직히 고등학교, 대학교 때 친구들이 부러워할만한 여자 친구들을 많이 만났거든요. 공통점이 그거야, 맨 처음에는 그 여자들이 저를 싫어했어요. 첫인상을 물어보면 정말 재수 없었다고 해요. 자기 옆에 안 오길 바랐다고 한결같이 얘기하더라고요.

지　토크와 심리 파악으로…(웃음)

이　토크도 토크지만, 머리를 써서 우연한 기회를 몇 번 만든다든가 이런 것들이 많아요. 그렇게 하면서 서서히 내 사람을 만드는 것도 정치잖아요. 시간이 흐를수록 저한테 넘어 오는 모습들을 보면 무척 재밌죠. 저는 소개팅, 미팅에서 한 번도 성공한 적이 없어요. 한 100번은 했을 것 같은데, 한 번도 성공한 적이 없어요. 왜? 애프터 신청을 못 받거든. 첫 인상이 너무 싫으니까 연락하기 싫은 거죠.

지　그런 정도는 아닌 것 같은데, 나름 귀여운 캐릭터 아닌가요?(웃음)

이　저를 소개팅해주는 사람이 진짜 괜찮은 사람만 해줬거든요. 다 안 됐어요. 내가 사귀었던 사람들은 학교 선후배, 친구, 직장에서 만난 관계죠. 3~4개월 정도 저를 봐야 해요. 그것도 기술이 필요하고 작전도 필요해요. 사람의 심리를 알아야 하거든요. 이런 것이 사실은 여야

간 협상할 때 무척 필요합니다. 협상에서 10:0으로 이기는 경우는 없거든요. 한 개를 주면 한 개를 잃고, 얻을 때는 큰 것을 얻고, 잃을 때는 작은 것을 잃어야 그게 협상의 기술이잖아요. 우리는 진영 논리에 빠져서 그게 안 돼요. 협상이 안 돼.

정치인들의 연공서열부터 타파하라

지   정치도 서로간의 이해관계를 조정하고, 갈등을 해결하는 것이라면, 연애도 마찬가지잖아요. 그 사람을 설득하기 위해서 머리를 쓰고, 대화를 나누고 해야 하는 건데요. 정치인들이 그런 부분을 어떻게 배워야 할까요? 지금까지는 대화가 서로 잘 안 되는 상황이잖아요. 앞으로도 다른 정치 세력끼리 타협하고 그렇게 할 가능성이 낮아 보여요. 무엇부터 해야 할까요?

이   정치인의 연공서열부터 없애야 합니다. 선수 문화. 초선 의원이 감히 어디서, 이런 것들을 없애야죠. 국회 의석 위치도 바꿔야 하고요. 왜 초선은 맨 앞에 앉고, 다선은 뒤로 가나요?

지　학교 다닐 때 덩치 있고 노는 애들은 뒤로 가고, 뒤에서 보면서 애들한테 군림하는 기분.(웃음)

이　초선이든 10선이든 국민들이 투표해서 뽑힌 사람들입니다. 똑같은 의무를 가지고 있는데, 왜 초선은 10선한테 가서 머리를 숙입니까? 그 자체가 문제거든요. 그러다보니까, 초선들이 무슨 말을 못해요. 3선, 4선 이상 중진들끼리 모여서 결정하면 '노' 할 수가 없다고. 거기서 무슨 정치적 협상력이 발휘됩니까? 위에서 정하면 따라가는 건데.

지　이런 것 말고도 바꿔야 할 정치 문화가 있을 텐데요.

이　국회의원은 대한민국에서 딱 300명만 할 수 있잖아요. 공적 마인드가 엄청 높아야 합니다. 자기 욕심, 내 명예를 위해서, 출세를 위해서, 돈 벌기 위해서 하면 안 됩니다. 그런 사람들이 하기 때문에 정치가 이 모양인 겁니다. 대의명분을 위해서 국회의원을 하면 협상이 잘 될 수밖에 없어요. 서로 '당신은 그렇게 생각하는구나, 나는 이렇게 생각한다'고 하면서 줄 것 주고, 받을 것 받는 거죠. 선수 문화와 사사로운 이기심이 결합되어 협상을 그르치는 겁니다. 그러다보니까 내가 꼭 해야 할 일이지만, 위의 눈치를 봐서 정당한 자기 목소리를 못내는 겁니다. 내가 이 진영에 있어야만 다음에 또 공천을 받고, 국회의원이 될 거 아닙니까? 그러니까 입 다물고 있는 거예요. 상대한테는 큰 소리 내고, 욕하고 싸우면서.

사람을 따르는 계파 문화도 없어져야겠죠. 3김 시대에는 강력한 군부 독재자가 있었기 때문에 거기에 대항하는 구심점으로서 김대중이나 김영삼 같은 강력한 지도자들이 있었던 것 같아요. 하지만 지금은 독재 시대가 아니잖아요.

그러면 지금 계파는 어떻게 뭉쳐야 할까요? 이념과 사상으로 뭉쳐야죠. 이념과 사상이 같은 사람끼리 모이는 게 정당인데, 그 안에서도 또 나뉘잖아요. 그 사람들이 뭉쳐서, 예를 들어 조금 더 강력하게 선명 야당을 주장하는 사람도 있고, 약간 우클릭하여 중도 보수를 아우르는 사람도 있고, 이렇게 모여야죠. 하지만 지금은 그게 아닙니다. 특정 개인을 따라가면서 계파가 형성되고 거기에 줄 서는 상황이지요. 그렇게 되면 정치 발전이 없어요. 계파의 수장이 잘못된 정책을 추진하면 거기다 대고 아니라고 말하기가 쉽지 않거든요.

지금 우리에게 필요한 것은
법과 원칙

지　지난번 민주정부 10년을 성공했다고 보는 분들도 있고, 실패했다고 보는 분들도 있을 텐데요. 보수당에 정권을 내리 내준 것은 이쪽 진영에서 국민들 마음을 못 얻었기 때문이 아닌가요?

이　아, 그건 실패했다고 봐야죠.

지　다시 정권을 잡으면 성공하기 위해서 어떤 부분들을 개선하고, 무엇부터 해야 한다고 생각하십니까?

이　김대중 정권 때는 IMF라는 특수 상황 때문에 김대중 정권에 많은 힘을 실어준 것도 사실입니다. 국민들도 그렇고요. 그런데 노무현 정부 때는 기득권들의 저항이 극심했어요. 보수 여당을 대표하는 기득권들도 '김대중이라면 한번쯤은…'이라고 생각했을 겁니다. 그런데 그들 입장에서 노무현이라는 사람이 갑자기 튀어나온 겁니다.

지 당연히 자기들은 이회창이 될 거라고 철썩 같이 믿고 있었겠죠.

이 그들은 아마 도둑맞았다고 생각할 겁니다. 게다가 고졸 출신이고. 노무현을 흠집 내기 위해서 끊임없이 공격했죠. 노무현 정부가 물론 실패한 측면도 있지만, 성공한 것도 많거든요. 그런 업적은 가려지고, 실패한 것만 부각되었습니다. 노무현 정권 말기에 치러진 선거는 누가 봐도, 어떻게 해도 이명박을 이길 수 없는 선거였거든요. 변명의 여지가 없어요. 그걸 언론환경이 불리해서, 국민들이 속아서라고 이야기하는 것은 무책임한 겁니다. 지금도 문재인 후보가 가장 유력하잖아요. 그러면 기득권의 저항이 없겠습니까?

지 어쨌든 이 사람들 입장에서는 노무현을 신뢰하지도 않고 인정조차 안 했잖아요. 자기들을 어떻게 할까, 불안하기도 했을 거고요. 그 불안감과 노무현 이미지가 문재인에게 투사된 것 같아요. 보수 지지자들의 길거리 민심을 들어보면 문재인에 대한 그들의 혐오감과 두려움이 크더라고요.

이 노무현 대통령이 강하게 법치를 못했잖아요. 그래서 저항 세력들이 더 강하게 저항한 거예요. 진짜 강하게, 본인이 가지고 있는 권력 내에서 할 수 있는 대로만 하면 그건 불법이 아니잖아요. 국정원이

나 검찰을 동원하고 사찰을 하란 것이 아니라 대통령이 가지고 있는 권한을 법의 테두리 안에서 최대한 활용하면 기득권 저항은 줄어들 겁니다.

이 사람들이 하이에나 같은 면이 있어요. 상대가 약하면 물어뜯어요. 그런데 강하면 절대 안 그럽니다. 대한민국 검찰이 노무현 정부 때 대통령 면전에 대고 '청탁전화를 하지 않았느냐'고 따진 집단이잖아요. 이명박, 박근혜 정권에서는 한 마디라도 했습니까? 오히려 강하게 나가면 절대 그렇게 못한다니까요. 이번에 대통령이 되는 사람은 국가운영 원칙에 맞게, 있는 대로만 강하게 하면 됩니다.

이번에도 통합을 이야기하고, 좋은 게 좋은 것이라는 식으로 흘러가면 안 돼요. 용서? 국민들이 정치인들에게 용서하라고 했습니까? 자기들한테 누가 그런 권한을 줬습니까? 약하게 다룰수록 기득권 세력은 언제 그랬냐는 듯 활개 칠 겁니다.

주요 정치인 30자평

지　주요 인물들의 30자평을 즉석에서 해보면 재밌더라고요. 그걸 한번 해보죠.(웃음) 언론인이나 정치인 위주로 해보겠습니다.

이　30자평이요?

지　누구부터 해볼까요? 유시민.

이　유시민 작가는 쉽게 얘기하면 안 되는 거 아닙니까?(웃음)

지　센 사람부터 해야죠.(웃음)

이　관상은 거짓말을 안 한다, 그런 말이 있잖아요. 요즘 유시민 작가는 행복해 보여요. 정치권에 들어온 이후로 가장 행복한 것이 아닌가 싶어요. 그래서 유 작가를 정치계로 다시 불러내는 그런 행동은 유권자들이 안 했으면 좋겠어요.

지   정치는 안했으면 좋겠다?
이   노 대통령도 그런 말을 했잖아요.

지   김어준.
이   김 총수? 유쾌, 상쾌, 통쾌, 발랄.

지   두 분이 뭔가 불편하지 않느냐고 생각하는 사람들도 있던데요.
이   불편할 이유는 전혀 없습니다. 김 총수는 유쾌, 상쾌, 통쾌, 발랄한데, 본인의 행동이나 언어, 발언들의 무게감이나 영향력을 좀 느꼈으면 좋겠어요.

지   통찰력이나 이런 부분은 대단하지만, 책임감이 없다?
이   음모론을 너무 많이 주장한다든가, 맞는 부분도 있지만, 어처구니없는 경우도 있거든요.

지   손석희.
이   언론인의 전형 아닐까요? 언론인의 전형인데… 정년퇴직 후에는 정치를 좀 하면 어떨까 싶네요.(웃음)

지　　정치 DNA 얘기를 했었잖아요. 손 사장님한테 그게 있다고 생각하세요?

이　　저는 정치 DNA가 있다고 봐요. 타고났는지 안 타고났는지는 알 수 없지만, 언론인으로 30년을 활동했는데 그게 안 길러지면 이상한 거예요.

지　　실제로 언론인 출신이 정치를 많이 하지만, 정치를 잘한 경우가 별로 없었잖아요. 언론인이라면 사회 문제에 대해 관심을 가지고 문제의 해법을 전문가로부터 듣고 판단을 내려야 하잖아요. 그런 식으로 훈련을 받아온 것인데, 정치판에 입문도 못하고 나가떨어지는 경우도 많았고, 들어와서도 정치를 잘한 경우가 거의 없었던 이유는 뭘까요?

이　　그게 정치를 하고 싶어서 언론인이 된 것은 아니잖아요. 언론에 있다 보니까 어느 순간 정치권으로부터 요청도 오고, 얼떨결에 정치를 시작하는 경우잖아요. 정치철학이나 소신 없이. 그런 경우는 망하는 겁니다. 손 사장 같은 경우는 러브콜이 계속 들어와도 꿈쩍도 않고 있잖아요. 스스로를 자랑스러워할 기간이 계속 늘어나는 거죠. 언론인의 전형이고, JTBC 보도부문 사장이어도 결국 남 밑에 있는 거잖아요.(웃음) 남의 유혹에 흔들리지 않는다는 자체가 정치인으로서 커다란 장점입니다. 손석희 사장 같은 경우는 몇 십 년 동안 유혹을 받고 있었는데, 그걸 거부했거든요. 그런 면에서 훌륭한 리더가 될 자질이 있다고 봐요.

그리고 세월호 참사 때 보여준 눈물이라든가, MBC 파업 때 보여준 결연함을 보면 정의감도 있는 것 같아요. 그리고 가난하고 약한 자들의 편에 서서 공감하려고 노력하는 모습이 보여요. 그런 분이 정치권에 많이 들어와야 해요. 본인이 싫다고 하면 어쩔 수 없지만. 언론인으로서 최선을 다하고 그 이후에 한번 고려해볼 수 있지 않을까요?

지   이 분을 나중에 사람들이 어떻게 기억을 할까요? 박근혜. 어떻게 보면 희대의 캐릭터잖아요. 시간이 지나면 역사극으로도 엄청나게 많이 나올 것 같고요.

이   불쌍한 사람이지요. 지금도 자기가 몇 십 년 동안 이용당했다는 사실을 못 깨달았을 거예요.

지   자기가 무슨 일을 하고 있는지도 모르겠죠. 죄가 없다고 생각할 거고요.

이   그러니까 자기가 살아온 인생이 자기 삶이 아니었다는 것을 깨달아야 할 텐데 못 깨달은 것 같아요. 남한테 조종당한 인생을 40년 동안 살았는데, 그게 불쌍한 인생이 아니고 뭡니까? 오히려 죽을 때까지 못 깨닫는 것이 본인한테 좋을지도 몰라요. 그걸 깨닫는 순간 얼마나 허무하겠어요.

지　심상정.

이　언제 적 심상정인가요?(웃음)

지　아직 진보 진영에서는 대권후보로 거론되고 있잖아요.

이　과감하게 후배 정치인들을 키우고, 후배들을 위해서 자리를 내놓을 필요가 있다고 봐요. 자기가 꼭 대통령이 될 필요는 없잖아요. 국회에서는 열심히 하니까 국회의원으로서 할 일을 하는 거죠. 사실 심상정, 노회찬이 정계은퇴를 한다고 하면 진보 정당은 국회의원을 못내는 수준 아닙니까? 지역구로 나가서 당선될 수 있는 사람은 그 두 사람이잖아요. 국회의원 선거에 계속 나가는 것은 옳다고 생각해요. 그렇다고 해서 본인이 당대표, 원내대표를 언제까지 할 겁니까?

지　이명박.

이　아주 운이 좋은 사람이죠.

지　운이 좋은 걸까요? 나쁜 쪽으로 머리가 잘 돌아가는 걸까요?

이　어쨌든 출발부터가 박정희가 정주영한테…

지　잘 좀 보라고 했더니 정말 잘 봐줬다는?(웃음)

이　시작부터 운이 좋았잖아요. 인터넷에 요즘 나오는 모 연예인 간통사건으로 인해서 현대 사장이 잘리고, 그 자리에 들어갔다고 하니까. 1996년 총선 때 국회의원이 안 될 수도 있었는데, 야권에서 노무현과 이종찬이라는 거물들이 동시에 출마하는 바람에 이명박이 어부지리를 한 측면이 있거든요. 그렇게 운이 좋을 수가 있을까요?(웃음) 그걸 발판으로 서울시장을 했고, 서울시장을 발판으로 대통령이 됐으니까. 그리고 이명박이 대통령으로 나설 때 양극화가 심했고, 경제도 어려웠어요. 국민들 입장에서 도덕성이 무슨 필요가 있냐, 경제만 살리면 되지, 이런 논리가 통했던 시기였잖아요. 그때 하필 찢어지게 가난했던 사람이 샐러리맨 신화를 썼다고 엄청 띄운 거죠. 대통령은 하늘이 낸다는 말이 있듯이, 필요할 때마다 행운이라는 조력자가 나타난 겁니다.

지　대한민국 입장에서는 불행한 거죠.

이　행위에 대해서 책임을 져야죠. 행위에 대한 책임을 지우게 하는 것이 정의를 바로 세우는 길이고, 적폐청산 아니겠어요?

지　안철수.

이　정치 DNA가 없는 사람이 왜 정치를 하지? 정치와 기업 운영은 완전히 다르거든요. 안철수는 정치 DNA도 없지만, 정치를 공부하지도 않고 정치에 입문한 것 같아요.

지　안철수 신드롬은 실체가 없었던 건가요?

이　　바람이었고, 거품이었죠. 안철수가 정치권 밖에 있었기 때문에 그 거품이 생기는 겁니다. 반기문 현상과 안철수 현상은 같습니다. 대한민국이 가장 싫어하는 집단, 혐오하는 집단, 신뢰할 수 없는 집단이 정치권입니다. 이건 어떤 여론조사에서도 마찬가지입니다. 그런데 반기문, 안철수는 정치권 밖에 있었잖아요. 당연히 올라갈 수밖에 없죠. 하지만 그들이 정치권 안에 들어오는 순간 거품은 다 빠지게 되어 있어요. 두 사람이 그걸 극명하게 보여준 겁니다. 앞으로도 반기문 신드롬, 안철수 신드롬 같은 것이 또 일어날 수 있어요.

지　　한국 국민들의 정치 혐오 때문에?
이　　그렇죠. 정치권 안에 있는 정치인은 불가능하지만 밖에 있는 사람들은 그런 바람을 일으킬 수 있습니다.

지　　이를테면 정치 하기를 기대하는 손석희 사장 같은 분?(웃음)
이　　그럼요.

지　　그게 어떻게 보면 정치 발전을 저해하는 요소가 되잖아요. 정치인을 잘 키워야 하는데 자꾸 버리고 바깥에서 갖다 쓰고 하는 부분들이…
이　　우리 국민들 마음속에 깊이 내재되어 있는 것 같아요. 정치인들은 모두 다 도둑놈이다!

지   민나 도로보데스[7].(웃음)

이   지성인들이라는 대학생도 마찬가지예요. 롤모델, 존경하는 사람, 가장 좋아하는 사람, 여론조사 하면 예전에는 안철수가 1등이었어요. 안철수가 정치권에 들어오고 나서는 반기문이 1등이었거든요.

지   박지원.

이   그런 말이 있어요. 노인들은 삼국지를 읽지 말라고. 노회한 사람이 더 노회해진다고. 박지원은 노회해도 너무 노회한 정치인이죠. 모든 것을 정치 공학적으로 이야기해요. 그런 정치는 이제 끝났다고 보거든요.

지   정세균.

이   언제나 자기 역할은 잘하는 사람이라고 생각합니다. 지금도 자기 역할에 충실할 뿐이죠. 자기의 그릇을 아는 사람. 정세균이라고 대통령 욕심이 없었겠어요? 오세훈도 이겼는데, 국회의장을 한다는 것은 대통령을 포기한다는 것과 같은 거잖아요. 자기 그릇을 안다는 게 쉽지 않죠.

---

7   みんな 泥棒です. '모두 도둑놈입니다'라는 뜻의 일본어. 1960년 4·19 혁명 직후 첫 민선 서울시장에 당선된 김상돈 씨가 취임식장에서 이 말을 해서 널리 알려졌다.

지   박원순.

이   대선후보를 스스로 사퇴했는데 누굴 탓하겠습니까? 그러나 아직 기회는 있다고 봐요.

지   서울시장 3선은 가능하다고 보세요?

이   당내 경선을 통과해야죠. 당내에 서울시장을 노리는 사람들이 많아요. 이번에 박원순이 민주당 지지자들한테 민심을 잃었기 때문에 경선은 재미있게 될 것 같아요. 보통 재선한 사람은 경선 안 하잖아요. 당연히 후보로 나올 텐데, 이번에는 말이 많을 거예요. 경선 요구 여론이 높아지면 박원순은 어떻게 나올 것인가? 무시하기란 쉽지 않을 거예요.

지   당에서 경선을 선택하면 어쩔 수 없잖아요.

이   그러면 박원순 시장이 경선에 나가지 않을 수도 있어요. 다른 길을 모색을 할 수도 있다고 봅니다. 두 번 하면 할 만큼 한 거잖아요.

지   서울시장을 포기하고 다른 무엇을?

이   야인으로 돌아갈 수도 있고요. 그러면서 기회를 엿보겠죠. 야인으로 돌아가 있으면 돌아오라는 정치권의 요구가 있을 겁니다. 그때 구원투수로 등판할 수도 있고, 기회의 발판은 얼마든지 있으니까요. 서울시장 3선에 욕심 부리지 않아야 해요.

3장. 우리가 무관심할 때 괴물은 깨어난다   \

지　이재명.

이　트위터 좀 그만해라.(웃음) 본인도 SNS의 문제점을 잘 알고 있지만, 본인이 SNS로 지금의 자리에 올랐기 때문에 쉽게 포기하기 어렵죠. 김어준 총수도 방송에서 트위터 좀 그만하라는 충고를 했지만, 저도 그 얘기를 했어요. 저한테 안 하겠다고 약속을 했었어요.

지　지금 와서 안 하겠다고 하는 것도 우습잖아요.

이　할 수 있어요. 오바마도 하지 말라고 보좌관들이 핸드폰을 빼앗은 적도 있고, 트럼프도 그런 적이 있었는데, 안 되긴 하더라고요. 하지만 지금 갑자기 안 한다고 해서 그것 가지고 뭐라고 할 사람은 없거든요. 어쨌든 그걸로 구설수에 올랐기 때문에 '당분간 자제하겠다'고 하는 것이 도움이 될 겁니다.

지　안희정.

이　다른 사람 마음이 내 마음 같지 않잖아요. 안희정은 그렇게 생각하는 것 같아요. 자신이 선한 의지를 가지고 선한 정치를 하니까 다른 사람도 그렇게 하면 통한다고 보지 않았을까 싶어요. 그런데 노무현 대통령이 그렇게 해서 어려움을 겪었거든요.

지　노무현 대통령의 그런 부분을 잘 알고 있는 분일 텐데.

이　그게 타고났든 길러졌든 바꾸기 힘든 성정이지, 뭐.

지 문재인.

이 아, 문재인 지지자들이 겁나서 말을 못하겠는데.(웃음) 어쨌든 저는 90% 이상 문재인이 대통령이 된다고 생각하니까, 대통령이 되면 자신을 반대했던 사람들의 마음도 생각하길 바랍니다. 그게 여당 지지자든 야당 지지자든 마찬가지입니다. 아니면 박근혜처럼 일방적인 대통령이 될 수밖에 없습니다.

지 추미애.

이 미국에 좀 빌려주라고 하고 싶어요.(웃음) 우리나라에 또 한 번 여자 대통령이 나올 가능성은 당분간 없을 테니까. 만약 또 한 번의 가능성이 있다면 추미애가 아닐까요? 박근혜가 무너졌고, 한명숙이 무너졌잖아요. 심상정은 가능성이 없고, 유일한 사람이 아닐까 싶어요.

지 김종인.

이 정치 그만해야지, 이제.

지 노욕이다.(웃음)

이 할 만큼 했잖아요. 이룰 만큼 이뤘잖아요.

지 본인은 억울할 수도 있고, 토사구팽 당했다고 생각하는 것 같은데요.

이   두번 연속 토사구팽을 당했다고 하면 본인한테도 문제가 있지 않을까요?(웃음)

최순실과
그의 일당들

지   2016년에 가장 뜨거운 인물이었던 최순실. 도대체 어떤 사람이라고 보십니까?

이   난 년이죠.

지   사람을 움직이는 능력이 탁월했다고 봐야 하나요?

이   그건 아버지한테 배웠을 것 같은데, 보통의 사람은 이렇게 권력자를 움직일 정도면 그 존재가 드러날 수밖에 없어요. 본인이 과시하고 싶어 하는 게 당연하지요. 그런데 한 번도 나서질 않았어요.

지   딸 정유라 때문에 했던 행적들이 나중에는 드러났잖아요. 학교에 찾아가서 행패를 부렸다든지, 승마협회와 관련된 것이라든지…

이 어쨌든 언론을 통해 드러나지 않게 했잖아요. 본인을 안 드러내기 위해서 대포폰을 쓰고 그런 거잖아요. 정말 대단한 사람이지, 상대가 누군지를 알아야 싸워서 이길 것 아닌가요? 문재인은 박근혜가 후보인줄 알고 싸웠는데, 아니었던 거잖아요. 이정희가 박근혜를 공격할 때 결국은 최순실이 박근혜한테 역공하라고 충고한 거잖아요. 이정희가 6억 어디서 났냐, 세금 냈냐고 하니까, 그 다음 토론에서 갑자기 역공을 하면서 '너 후보 사퇴할 거 아니야? 국가 보조금 받은 거 어떻게 할 거냐?' 그것을 최순실이 시켰다는 거잖아요. 이정희도 문재인도 상대가 박근혜인줄 알았는데, 상대가 누군지를 모르게 한다는 것은 싸움에서 절반은 이기고 들어가는 겁니다.

지 상상을 못했을 테니까.

이 김대중이 초선, 재선 당선되고 할 때 전략가로 엄창록이라는 사람이 있었는데, 아무도 그 존재를 몰랐다니까요. 누가 전략을 내는지 모르니까 싸움에서 질 수밖에 없죠. 엄창록도 그렇게 얘기했어요. 전략가는 앞에 나서는 게 아니라고. 그렇게 따지면 최순실도 전략가일 수 있는 거죠.

지 정윤회는 자기가 박근혜를 보좌했다면 이런 일은 없을 거라고 주장하잖아요.

이　　저는 정윤회가 실세인 적은 없었다고 봐요.

지　　얼굴 마담.

이　　데릴사위 같은 거죠.

지　　그렇게 따지면 최태민도 대단한 사람이잖아요. 대한민국에 빨대 꽂아서 대대손손 잘 살 수 있게 했잖아요.

이　　사람의 마음을 훔칠 수 있는 사람이죠. 그러니까 목사도 했다가 스님도 했다가 천주교에도 잠깐 귀의했다가 결국은 자기가 종교를 만든 거잖아요. 무속신앙에도 몸담았다가… 스포츠로 치면 종교 그랜드 슬램을 달성한 사람인데, 사람 마음을 휘어잡는 데 탁월했던 모양입니다. 결혼을 다섯 번이나 했다니까 여자의 마음도 잘 알지 않았을까? 최태민은 박근혜를 대통령으로 만들어야겠다는 생각을 오래 전부터 한 것 같아요. 그걸 위해서 올인 했던 거죠.

한국 현대사의
결정적 장면

지   한국 근현대사에서 가장 중요했다고 생각하는 사건은 뭔가요?
흥미로웠다든지.

이   흥미롭다기보다는 안타까운 거죠. 반민특위 해체.

지   그게 대한민국 역사에서 가장 중요한 변곡점이었다?

이   반민특위가 해체되었기 때문에 역사와 민족정기를 바로 잡을 수
있는 유일한 기회를 놓쳐버렸어요. 그리고 그것 때문에 아직도 우리
가 정의를 외치고 있어요. 해방된 지 70년이 지났는데, 아직도 정의를
외치면 되겠습니까? 그때 정의를 바로 세우지 못한 탓이죠. 힘센 놈한
테 붙어야 이기고, 비겁해지고 정의롭지 않아야 잘 먹고 잘 산다는 것

을 그때 역사가 가르친 겁니다. 그래서 그 사건이 가장 안타깝습니다.

지 그러면 한국 현대사에서 가장 흥미로운 인물은 누구인가요? 김대중?

이 역시 김영삼이죠.(웃음) 김대중은 흥미롭다고 볼 수는 없으니까요.

지 에피소드가 정말 무궁무진하죠.(웃음)

이 연구 대상이죠. 김대중은 위대한 정치인이고, 실패를 통해서 교훈을 얻고, 성공한 대통령이잖아요. 저는 좌절하는 청년들에게 김대중의 삶을 얘기해주고 싶어요. 그 사람처럼 되라는 것이 아니고, 실패했다고 끝난 게 아니란 거죠. 물론 지금 대한민국이 한번 실패하면 다시 일어설 수 없는 구조로 고착화되고는 있지만. 그렇지만 한번 실패했다고, 두 번 실패했다고 인생이 끝나는 것은 아니거든요. 계속 실패해도 도전하는 모습을 본받아야 합니다.

지 만약 우리 현대사에서 다시 돌아가서 뭔가 해보고 싶다면 어떤 시절로 돌아가고 싶어요?

이 1979년 10월 26일.(웃음) 김재규의 만찬, 박정희 암살 바로 직전으로. 그렇게 멍청하게 일을 꾸미는 사람이 어디 있어요?

지 그때 김재규가 육군본부로 가지 말고, 중앙정보부로 갔어야

지.(웃음)

이   그런 것도 있고, 계획이 좀 있어야죠. 자기가 장군 출신인데, 전방의 장군들과 얘기도 좀 하고.(웃음)

지   참모총장 불러서 밥은 먹었잖아요.(웃음)

이   그것 밖에 없었잖아요. 자기 편이라고 생각했던 겁니다. 은근슬쩍 박정희 대통령 이야기를 꺼내면서 몇 명 쯤 포섭해놓고, 전두환 같은 사람은 미리 제거했어야죠. 그러면 우리는 80년대에 민주화가 이루어졌을 거예요. 3개월이든, 6개월이든, 권력 과도기를 거쳐 민주정부로 이양하면서 대통령 직선제를 했으면 얼마나 좋아요? 그때 누가 있어요? 김대중, 김영삼 밖에 없던 시절 아닌가요? 먼저 김영삼이 대통령이 되어 적폐를 청산하고, 김대중이 뒤를 이었다고 한다면 한국정치와 민주주의를 30년은 앞당길 수 있었습니다.

4장

못다 한 이야기

2016. 03. 06

지승호 - 인생에서 가장 중요한 것이 뭘까요?

이동형 - 자기애. 나를 사랑하면요, 남 눈치 안 보고 살잖아요.

정치에 무관심한 건
쿨 한 게 아니야!

지　마지막으로 해주실 말씀은 없으신가요?

이　정치 혐오증 이야기를 했지만, 그건 군사정권에서 만들어낸 거였거든요. 민중은 똑똑해지면 안 되니까요. 똑똑해지면 정치에 관심을 가지게 되거든요. 정치 무관심, 정치 혐오증이 어느 순간부터 쿨하고 균형잡힌 시각으로 인식되더라고요. 우리 다음 세대를 위해서라도 끊임없이 정치에 관심을 가져야 합니다. 그런데 그게 맹목적인 것이 되어서는 안 돼요. 노무현 대통령 시절부터 깨어 있는 시민들이라는 표현을 많이 쓰는데, 진짜 우리가 깨어 있는가, 박근혜와 새누리당을 반대한다고 해서 깨어 있다고 말할 수는 없잖아요.

지　조롱의 의미로 쓰이기도 하잖아요.

이　지금 우리가 개혁할 것이 많잖아요. 정치개혁, 검찰개혁, 언론개혁, 그리고 교육개혁도 굉장히 중요합니다. 민주정권이 5년, 10년, 15년을 더 한다고 해서 저절로 바뀌는 것은 아니라고 봅니다. 김대중, 노무현 정권 10년을 겪었지만 다시 그 이전으로 돌아갔잖아요. 30년 정도 해야 바뀌지 않을까요? 30년은 결코 긴 시간이 아닙니다. 87항쟁이 일어난 지 어느 새 30년이 지났잖아요. 결코 긴 세월이 아니에요. 그것을 위해서 우리는 어떤 일을 하면 좋을지 스스로 생각해볼 필요가 있어요.

지　30년이 흘렀다는 것은 하나의 세대가 교체된다는 의미잖아요. 민주주의를 겪어본 사람들이 '아, 이게 기준이구나' 하는 것을 알게 되는 시간이기도 하고요. 그런 의미에서 정치권도 마찬가지고, 사람들의 의식 변화가 같이 일어나기 위해서는 그 정도의 시간이 필요하다고 생각하시는 건가요?

이　그렇습니다. 이제 우리가 민주주의를 외치는 것은 그만해야죠. 그건 너무 당연한 거 아닌가요? 그런데 아직도 민주주의를 외치는 시대에 살아야 되느냐, 그러니까 저 같은 평론가가 방송에서 민주주의를 외친다는 것이 참 우스운 상황이잖아요. 진보, 보수는 얼마든지 싸울 수 있어요. 그런데 진보, 보수도 민주주의라는 가치는 인정하고 디테일한 정책으로 싸우자는 거죠.

작가로서의 모순된 삶이 슬프다

지 2017년 올해 특별히 계획하고 있는 일이 있나요?

이 명색이 작가인데, 1년에 책 한 권은 써야겠다는 생각이 드는데요. 올해는 이 책으로 대체하려고요.(웃음) 제 책이 많이 팔리길 바라는 것은 단순히 돈 벌기 위해서가 아닙니다. 돈을 벌려면 10만 권은 팔려야 하는데, 사실상 불가능한 것이니까. 오히려 저는 '이 작가 책 팔려고 방송한다'는 얘기를 듣고 싶지 않아서요. 이번에 《툭 까놓고 재벌》 같은 경우도 토크 콘서트, 강연 하나도 안 잡았거든요. 출판사에서 하자고 하는데. 어떻게 보면 모순적이에요. 제 책이 많이 읽혀서, 특히 보수 쪽 사람들이 읽어서 생각을 바꿨으면 좋겠다는 생각도 들고, 우리 쪽 사람들은 제 책을 읽어서 논리를 갖췄으면 좋겠다는 생각이 들면서도 그런 오해를 받기 싫더라고요.

지　책 낼 때마다 형편이 나아지기는커녕 적자가 쌓인다고 하면 사람들이 안 믿잖아요.

이　인세가 보통 책 판매가의 10%인데 만권 팔아야 1500만 원 들어오잖아요? 1년에 한 권 써서는 못삽니다. 요즘은 1쇄 몇 천 권만 다 팔아도 성공적이라고 할만큼 책이 안 팔리는 시대니까요. 그러니까 전업 작가가 없고, 외도를 할 수밖에 없는 구조잖아요. 저도 날씨 따뜻한 남쪽 나라에서 노트북 한 대 들고 글만 쓰고 싶어요. 하지만 그렇게 하면 생활이 안 되니까.

올해는 이 책으로 대체하고, 5월에 대통령 선거에서 제 역할이 있으면 하는 거죠. 지난 총선 때는 전국을 따라다니면서 유세도 같이 하고, 토크 콘서트도 했는데, 이번에도 그런 요청이 오면 당연히 할 것입니다. 일단은 정권 교체를 해야 하니까요. 그러고 나면 좀 쉬고 싶어요. 이이제이 시작한 지가 5년이 넘었는데.

지　쉼 없이 달려왔으니까요.

이　아무 생각 없이 한 달 정도는 쉬고 싶어요. 제가 지금 결혼 4년차인데, 4년 동안 우리 아내도 굉장히 고생을 했어요. 매일 새벽에 들어가고, 한참 육아에 신경 써야 할 시기에 한 번도 뭘 같이 해본 적이 없어요. 그래도 제가 정권 교체를 위해서 애쓰는 것을 알아주니 고맙고 다행이죠. 입으로는 이해한다고 말하지만, 그 속이 속은 아닐 거잖아요. 아내 데리고, 가족과 함께 한 달 정도는 해외로 가서 쉬고 싶습니다. 그런데 문제는 저의 주 수입원이 방송인데, 방송을 한 달 쉬어버리면 앞으로 불러주지를 않아요. 그런 고민이 있어요. 우리 직원들의 생사여탈권도 어떻게 보면 제가 쥐고 있으니까 그런 책임감도 있고… 그래서 적당히 타협해서 한 1주일 정도 갔다 올 것 같아요.(웃음)

지   아이가 참 예쁠 때 함께하지 못한다는 것이 나중에 후회가 되잖아요.

이   지금이 딱 그렇습니다.

앞으로
하고 싶은 일들

지　언젠가 '삼국지 다시보기', '격동의 현대사' 같은 팟캐스트를 하고 싶다고 했는데요.

이　삼국지는 누구나 좋아하는 이야기잖아요. 사람들의 인간관계라든가 정치적 모략 이런 것들이 많이 들어가 있는데요. 그걸 현대에 맞게 새롭게 해석하고 싶어요. 그냥 얘기하면 재미가 없을 것 같고, 코믹하기도 하고 감동적이기도 한 부분들을 넣어서 원고를 제가 쓰고, 성우분들도 모시고 진짜 라디오 드라마처럼 만들어보고 싶다는 생각이 있고요. 옛날에 MBC에서 했던 〈격동 30년〉을 정말 재밌게 들었거든요. 삼국지 같은 경우는 허구가 70퍼센트 정도 된다고 하지만, 역사라는 것은 해석의 영역이잖아요. 누가 해석하느냐에 따라서 다른 거잖아요. 제 나름의 해석으로 풀어보고 싶고요. 모든 정치인의 행동, 언어는 정치적인 해석이 뒤따르잖아요. 그걸 제가 깊이 파보고 싶은 거죠. 정권이 교체되면 지금처럼 정치 팟캐스트가 상위권을 휩쓸 것인가, 의문스러운 점이 있거든요. 조금 다른 분야, 그러니까 삼국지 같은 소설도 하는 거고요. 이명박, 박근혜 정권 때 못했던 현대사 이야기도 하고 싶고요. 특히 정치 현대사를 하고 싶어요. 지금의 기울어진 운동장이 조금은 바로 잡히고, 일방적 보도를 쏟아내는 언론사들이 바로 잡힌다면 팟캐스트를 듣는 많은 분들이 기존의 언론사들로 돌아가지 않을까요? 그러면 팟캐스트들은 정말 다양한 주제와 소재를 가지고 이야기할 수 있겠죠. 이런 계획이 이루어질지는 모르겠고요. 일단 돈이 많이 들어가는 작업이라서. 예를 들면 성우도 그냥 쓸 수는 없으니까요.

지   사람의 시간과 노력이 들어가면 모두 돈이죠.

이   그것을 어떻게 효과적으로 할 수 있을까, 광고를 받는 것은 한계가 있을 것 같고요.

지   유료화 생각도 하셨잖아요.

이   요즘은 사실 한번 인터넷에 올라오면 널리 퍼지는 것은 금방이잖아요. 그렇게 되면 유료화는 의미가 없잖아요. 여러 가지를 고민하고 있어요.

지　베스트셀러 작가잖아요. 집필하고 싶은 계획은 없나요?

이　쓰고 싶은 것은 거의 다 썼어요. 예전부터 제가 작가가 되면 쓰고 싶다고 생각한 기회주의나 변절자에 대한 책을 썼고, 김대중과 김영삼의 역사를 새로 썼고, 재벌 이야기도 썼고, 노무현 이야기도 했습니다. 할 것은 다 했거든요. 하나 남았다고 하면 페미니즘 문제를 한번 써보고 싶어요. 지금 대한민국에 불고 있는 페미니즘 열풍이라고 할까, 워마드[8] 문제도 있고, 메갈리아 문제도 있고, 이걸 한번 다루고 싶은 생각도 있어요. 이게 진짜 페미니즘인가, 살펴보면서 다루고 싶은 생각이 예전부터 있었어요.

지　죽을 수도 있는데.(웃음)

이　어차피 뭐.

지　진보 진영에 있는 남성들 중에는 메갈리아를 옹호하거나, 그동안 여성들이 당했던 고통이 있기 때문에 과도기적 측면이 있다고 말하는 경우가 많습니다. 그 반대되는 목소리를 내는 것이 쉽지 않아 보

8　워마드(Womadic)는 대한민국의 남성 혐오, 여성우월주의를 조장하는 사이트이며 메갈리아에서 파생된 사이트이다. 워마드는 공식적으로 여성운동 단체가 아님을 밝히고 있다. 다른 한편으로는 반 여성 혐오 사이트라고 보기도 한다. 박근혜 대통령 탄핵 소추 이후 박근혜 대통령이 여성혐오로 인해 마녀사냥식 공격을 받는 측면이 있다면서 박근혜를 지지하는 입장을 보였다.(출처 : 위키백과)

이는데요.

이 전 계속 그렇게 얘기를 해왔습니다.(웃음) 양성평등을 이야기했으면, 정말 양성평등을 이야기해야지, 우리가 그동안 당해왔으니 역차별을 하자는 것이 어떻게 양성평등입니까? 자기모순에 빠져버리면 안 됩니다. 진보 지식인들도 비겁한 것 같아요. 진짜로 메갈리아, 워마드 주장이 옳다고 생각하면 맞다고 해야죠.

지 옳다고 얘기하는 사람들도 있죠.

이 어떤 사람들은 욕먹기 싫으니까 침묵으로 일관하고 모른 척하잖아요. 굉장히 비겁하다고 생각해요. 아니라고 말하면 여성들한테 공격받으니까 말 못하겠고, 맞다고 말하면 메갈리아를 반대하는 사람들한테 공격받으니까 말 못하고, 그게 무슨 지식인이야, 그러면 지식인 타이틀을 버려야죠.

자신을 먼저 사랑하고
기다리세요

지   인생에서 가장 중요한 것이 뭘까요?

이   자기애. 나를 사랑하면요, 남 눈치 안 보고 살잖아요. 내가 힘들게 번 돈을 왜 자식한테 써야 합니까? 나를 위해서 쓰고 남는 것을 써야지, 나를 위해서 시간을 투자하고.

지   독자들한테 해주실 말씀은?

이   제 독자들은 거의 젊은 분들이 많으니까… 쉽게 자살하지 말라는 말씀을 드리고 싶어요. 기회는 얼마든지 있으니까요. 앞으로 다가올 기회를 잡으려면 일단 버텨야 하잖아요. 뭘 하더라도 잘 버텨라, 앞으로 정권이 바뀌더라도 한동안은, 특히 젊은이들에게 어려운 시기가 될 수 있거든요. 그러나 버티면 기회가 오지 않을까요? 안철수나 손학규, 정동영, 천정배도 버티면 기회가 왔을 거예요.(웃음) 그런데 그것을 스스로 차버렸잖아요.

지 프리랜서의 삶이라는 것이 젊은 사람들과 입장이 완전히 다른 것은 아니지만, 기성세대의 한 사람으로서 미안하다는 말을 해주고 싶기도 하고요.

이 지금 젊은 세대는 최초의 세대일 거예요. 부모보다 못 사는 세대, 물론 우리가 옷을 못 입고 굶지는 않지요. 하지만 상대적으로.

지 부모 세대는 차도 사고, 집도 살 수 있었지요. 하지만 지금은 5포 세대, 7포세대, 한없이 포기해야 하는 N포세대라고 얘기하니까요.

이 예전이야 숟가락, 젓가락 두 개 들고 결혼했다지만, 지금은 그게 가능한 세대가 아니니까요. 김대중 대통령이 자서전에서 항상 한 말이 있습니다. 어떻게든 세상은 진보한다. 물론 옆으로 갔다가 오른쪽으로 갔다가 약간 바뀌기도 하겠지만, 결국은 전진한다고 봐요. 그게 민주주의든, 경제적 문제든, 사회적 제도와 문화든, 그런 것 때문에 여야가 나눠서 싸우기도 하고, 이런 인터뷰를 하면서 책도 만들기도 하는데요. 조금이라도 나은 삶을 위해서 하는 것 아니겠습니까? 집단 지성을 믿으면서 견디면 충분히 내 재능과 능력을 발휘할 기회가 올 거라고 생각합니다. 좌절하고 포기하는 순간 그 게임은 끝이잖아요.

제가 왜 이런 말씀을 드리느냐 하면 20~30대에서 사망률이 가장 높은 것이 자살이니까요. 2000~2010년 자료인데요. 10년 동안 우리나라 자살 사망률이 101% 증가했어요. 같은 기간 동안 OECD 회원국을 보면 스페인은 22% 줄었고, 독일은 15%, 일본도 5% 줄었어요. 도대체 이게 뭘 뜻하는 걸까요? 우리가 경제 성장을 급격하게 이뤘잖아요. 그에 대한 반대급부로 빈부격차가 심해지다 보니까 상대적 박탈감이 생길 수밖에 없어요. 특히 남과 비교하는 것이 우리 사회에 만연해 있다 보니 그런 것을 못 견뎌 하는 것이겠지요.

지   배고픈 것은 참아도 배 아픈 것은 못 참는다?
이   노령 인구도 갑자기 늘어났잖아요. 고독사하는 분들, 사회적으로 취약 계층이라고 하는 사람들, 그들을 위해서 사회 안전망을 국가에서 만들어줘야 하거든요. 그게 안 되니까, 그런 점들 때문에 자살 사망률이 급격하게 늘어난 것 같고요. 청소년들 중에 시험 성적 스트레스로 자살하는 친구들도 많잖아요. 과연 선진국에서 공부 못한다고, 왕따 당했다고 스스로 목숨을 끊는 경우가 흔히 있을까요? 특히, 언론에서 가족 전체가 동반자살했다고 하는데, 동반자살이 아니죠. 부모가 자식을 살인하는 거죠. 무척 안타까운 일이에요.

지   자식을 살인한 후 자살한 거죠.
이   아이의 의사는 물어보지 않았잖아요. 내가 죽으면 불쌍할 것이라고 생각하는데, 왜 불쌍해요? 알아서 크는 것이지. 자식은 내 소유물이라고 생각하는 것, 그리고 혼자 남겨진 자식에 가해지는 사회적 손가락질 때문이겠지요. 그래도 목숨은 자기가 판단하게 해야지요.

지　왕따를 시킨 가해자 부모들은 '왕따를 당할 만하니까 그런 거 아니냐고' 하면서 자기 자식을 감싸는 경우가 많은 것 같아요.

이　자식이 왕따를 시켜서 학교를 찾아갔는데, 왕따 당한 애가 잘못이라고 얘기할 수 있어요? 방송에서 제가 늘 쓰는 말이 있는데요. 정치인들은 자기객관화가 중요한데, 자기객관화가 안 된다고요. 저는 제 자신에 대해 객관화하려고 노력하는 편이에요. 어떻게 보면 자기애와 모순되는 부분인데요. 그래서 오히려 균형이 잡히는지도 몰라요. 제가 이이제이 팟캐스트에서 친노 방송이라고 하기도 하고, 반노 방송이라고 하고, 좌빨 방송이라고 하고, 뉴라이트 방송이라고도 해요. 온통 여기저기서 공격을 받기에 '아 내가 잘하고 있구나' 하는 생각을 했는데요. 자기애와 자기객관화를 함께 하려고 노력합니다.

지　정말 자기를 제대로 사랑하는 방식이잖아요. 내가 어떤 사람인지 알아야 하고, 내가 뭘 좋아하는지를 알고, 그걸 객관화할 수 있어야지 진짜 자기애가 될 것 같습니다.
긴 시간 좋은 말씀 많이 들었습니다.

지은이

이동형

경북(TK) 안동에서 초·중·고등학교를 나왔고, 대학에서 신문방송학을 전공했다. 초등학교 5학년 때부터 대한민국 정치에 깊은 관심을 가졌다. 대학 졸업 후 대여섯 번 이런저런 사업을 벌였으나 모두 실패했다. 열혈 지식인들의 아지트 격인 누리집 '도시 탈출'에서 콧구멍이라는 필명으로 대한민국 현대사를 신랄하고 가감 없이 조명해 인기를 끌었다. 그의 글은 《영원한 라이벌 김대중 VS 김영삼》으로 출간되어 큰 반향을 일으켰다. 그 이후 전업작가로 글을 쓰면서 다양한 방송에도 출연중이다. 《와주테이의 박쥐들》《바람이 불면 당신인 줄 알겠습니다》 등의 저서를 펴냈으며 팟캐스트 〈이박사와 이작가의 이이제이〉로 큰 인기를 끌었다. 팟캐스트 이이제이의 누적 다운로드 횟수는 2억 회를 돌파했다.

지승호

국내 유일의 전문 인터뷰어로 17년간 50권의 인터뷰집을 냈다. 인터뷰라는 장르 안에서 우리나라 정치, 사회, 경제, 문화, 예술을 아우르는 폭넓은 분야의 사람들을 만나 그들로부터 삶에 관한 깊은 시선과 태도를 배우고, 그것을 제대로 전달하려고 노력한다. 주요 인터뷰집으로 《서민의 기생충 같은 이야기》, 《만화, 세상을 그리다》, 《공범들의 도시》, 《강신주의 맨얼굴의 철학 당당한 인문학》, 《이상호GO발뉴스》, 《닥치고 정치》, 《김수행, 자본론으로 한국경제를 말하다》, 《괜찮다, 다 괜찮다》, 《장하준, 한국경제 길을 말하다》, 《신해철의 쾌변독설》, 《우석훈, 이제 무엇으로 희망을 말할 것인가》, 《유시민을 만나다》, 《지승호, 더 인터뷰》, 《PD수첩, 진실의 목격자들》, 《감독, 열정을 말하다》 등이 있고, 지은 책으로 인터뷰의 내공과 노하우를 담아 쓴 《마음을 움직이는 인터뷰 특강》이 있다.

우리가 무관심할 때 괴물은 깨어난다

정치 오타쿠 이작가의 직설 혹은 독설

초판 1쇄 펴낸날 2017년 4월 10일

지은이 이동형 · 지승호
펴낸이 이상규
편집인 김훈태
디자인 엄혜리
마케팅 김선곤

펴낸곳 이상미디어
등록번호 209-06-98501
등록일자 2008. 09. 30
주소 서울시 성북구 정릉동 667-1 4층
대표전화 02-913-8888
팩스 02-913-7711
e-mail leesangbooks@gmail.com

ISBN 979-115893-033-2 03340